百部青少年爱国主义教育读本

红·色·征·程·系·列

建军的故事

刘京蕾◎编著

團结出版社
UNITY PRESS

图书在版编目（CIP）数据

建军的故事 / 刘京蕾编著. -- 北京 : 团结出版社, 2013.4（2021.6 重印）
（百部青少年爱国主义教育读本. 红色征程系列）
ISBN 978-7-5126-1721-6

Ⅰ. ①建… Ⅱ. ①刘… Ⅲ. ①爱国主义教育 – 中国 – 青年读物②爱国主义教育 – 中国 – 少年读物 Ⅳ. ①D647-49

中国版本图书馆 CIP 数据核字(2013)第 065456 号

出　版：团结出版社
（北京市东城区东皇城根南街 84 号　邮编：100006）
电　话：(010)65228880　65244790
E-mail：65244790@163.com
经　销：全国新华书店
印　制：三河市信达兴印刷有限公司

开　本：710×1000 毫米　1/16
印　张：11
字　数：140 千字
版　次：2013 年 4 月　第 1 版
印　次：2021 年 6 月　第 2 次印刷

书　号：978-7-5126-1721-6 / D.358
定　价：36.00 元

写在“百部青少年爱国主义教育读本”书前

中国人民大学中共党史系主任、博士生导师
中国中共党史人物研究会副会长　**杨凤城**

十年树木，百年树人。

对青少年进行爱国主义教育需要从长计议。今天的信息技术还在高速发展中，传播速度极为惊人，世界范围内的各种思想文化在人们的精神世界中相互激荡碰撞。弘扬和培育以爱国主义为核心的民族精神，是国民教育的重要任务，务必在精神文明建设过程中一以贯之，不容忽视，更不得有一丝松懈。

大处着眼，一个民族的精神必须适应时代发展的潮流，跟得上历史进程的趋势。小处着手，爱国主义教育尤其是对青少年的爱国主义教育工作，务必落实下来，落到实处，并且需要一个饶有兴味的形式呈现出来。惟其如此，爱国主义的精神气脉才能入乎眼耳，存乎心胸，真正成为个体生命的一部分。

中国人民百年来反对外来侵略和压迫，反抗腐朽统治，争取民族独立和解放，前赴后继，浴血奋斗的精神和业绩，可谓感天动地；中国共产党领导全国人民为建立新中国而英勇奋斗的崇高精神和光辉业绩，可与日月同辉。中国历史上尤其是中国近现代史上涌现出的著名爱国者、民族英雄、革命先烈和杰出人物，以及新中国成立以后涌现出的许许多多的英雄模范人物，他们是青少年爱国主义教育中最新鲜、最活泼、最具说服力的素材。

因此，对青少年推进行之有效的爱国主义教育，要突出和加强中国近现代史，尤其是中国共产党诞生之后的革命主题和红色主旋律的宣传。

“百部青少年爱国主义教育读本”系列丛书，以“弘扬红色主旋律”、“结合现实问题”为原则进行编写，紧紧围绕爱国主义教育的核心价值体系——爱党、爱祖国、爱社会主义，从历史到现实，从物质文明到精神文明，从自然风光到物产资源，对最广大的青少年进行丰富多彩、生动活泼的爱国主义教育，可谓正当其时，难能可贵。

眼前的系列读本，不禁让人眼前一亮，心生喜悦。编著者极力求其“真”——尊重史实的前提下，用生动活泼的语言讲述一个个真实可感的故事；尽力得其“趣”——饱含深情的语句让人物、事件在书中“活”了起来，“动”了起来，革命前辈的精神气息、信念品格扑面而来，感染着我们，感动着我们；竭力求其“美”——体例结构精心设计，又有大量珍贵历史图片资料作为辅助，更符合青少年的阅读习惯。一项项尽心尽力的创意和编辑工作，充分保证了这一系列读本的阅读价值。

寄望能通过快乐的阅读、有效的阅读，让孩子们的心灵之镜更明亮，让年轻一代的精神家园更加美好！

是为序。

2012 年 9 月 26 日

目 录

Contents >>>

第一章
运筹大革命，漫漫建军路

成立不久的中国共产党，稚嫩又充满热情。为了实现革命目标，共产党人与孙中山先生领导的国民党合作，拉开了大革命的序幕。与此同时，共产党也走出了建军路上的第一步。

大革命时期来临

从 1840 年鸦片战争到 1919 年五四运动的近八十年间，中国人民深刻地体会到一个国家的富强、自由与否是多么的重要。无数的仁人志士为了追寻民族解放、国家富强之路，前仆后继，英勇奋斗。

1921 年 6 月的上海已经有了夏天的气息。在一栋不显眼的洋房中，两个穿着朴素长衫的男人坐在窗前。他们像是在等人，频频地向楼梯口看去。不一会，楼梯那边传来了上楼的脚步声。两人大概是有些紧张，慌忙从椅子上站起来，双眼中满是兴奋的神采。

不一会儿，一个中国男人引着一个外国人走了上来，看到站在窗前的人后，彼此都露出笑容。那个中国男人就是张国焘。张国焘向身边的外国人介绍道："这两位是共产主义小组的代理书记李达和李汉俊。"

李达上前一步与面前的外国人握手，难掩激动地说道：“您就是马林先生吧，您好。”

被叫做马林的外国人笑容和煦，用有些别扭的中文说道：“您好，我代列宁同志向中国的共产主义追随者问好。”

马林是共产国际的执行委员，同时也是共产国际民族和殖民地问题委员会中的重要成员，深得列宁信任。他曾在东南亚的一些国家从事过工人运动，在共产国际中颇有威望。

当时陈独秀与李大钊等人正在为正式成立共产党以及召开党的“一大”而奔波忙碌。共产国际使者的到来，是再令人振奋不过的事情。马林向李达与李汉转达了共产国际的精神，表示会竭尽全力帮助筹备建立中国共产党，帮助中国的革命事业。

从辛亥革命打响至今，中国的革命始终没有真正成功。此时的中国，军阀割据，混战不已，人民依然身处于水深火热之中。共产党人虽然有着振兴中华的远大抱负，但党毕竟是个刚刚诞生的年轻组织，想要立刻改变中国现状是不可能的。出于这个考虑，共产国际建议中共联合孙中山领导的国民党，壮大中国共产主义的力量以及共产国际的力量。

◎张国焘

◎李达

◎李汉俊

◎马林

◎张太雷

了解了马林的一番意图，李达与李汉俊没有立刻回复。他们没有权利对此建议予以过多回应，只是承诺会将共产国际的意思转达给党组织。这之后，共产党一直忙于筹备“一大”的各项事宜，并未针对共产国际的建议进行详细讨论。

1921年7月23日至31日，中国共产党第一次全国代表大会召开，中国共产党正式成立。大会确定了党的领导机构：陈独秀为中央局书记，张国焘负责组织，李达负责宣传。中国共产党这株革命幼苗终于破土而出，立于神州大地之上。

再说马林。马林协助中国共产党人建党成功后，开始执行他来中国的另一项任务——联合国民党。1921年年末的一天，马林在中国共产党人张太雷的陪同下，经李大钊的介绍，前往广州拜访国民党的创始人孙中山。

孙中山当时正在桂林北伐大本营坐镇。革命一次次的失败，军阀无休止的混战，让孙中山心中充满了苦闷，紧皱的眉头从未舒展开过。孙中山听说过俄国的十月革命。十月革命的胜利让孙中山一度陷入深深的思索：为什么俄国革命可以成功，而中国革命十年仍未成功？这一疑问根植于他的心中，久久不能释怀，却又始终寻不到答案。所以，当得知共产国际的马林来到中国，并有意与自己见面的时候，孙中山惊喜万分，这让他依稀又看到中国革命胜利的希望。

马林到达广州后，由国民党著名领袖之一廖仲恺亲自接待，并很快被送到了桂林。马林与孙中山见到面后，双方相谈甚欢。马林向孙

中山详细介绍了俄国的十月革命，传达了列宁的思想方针。同时，也提出了国共合作的建议。孙中山听后觉得受益匪浅，但对于国共合作的建议，却还是有些犹豫，他更深入地询问马林："先生所说的联合……"

马林看出孙中山的疑虑，耐心地解释道："也就是共产国际建议孙先生改组国民党，联合以工农大众为代表的共产党。另外，尽快组建自己的革命武装，创办一个军事学校。"

马林的一番话让孙中山茅塞顿开。多年来革命事业未成，不正是因为没有自己的武装，没人民群众的广泛参与吗？孙中山紧皱的眉头终于舒展开来，眼中又重燃起新的希望。他与马林又进行了几日的商谈。这几日的商谈，为之后打开中国革命的新局面奠定了重要的基础。

1922 年 6 月，之前一直支持孙中山的军阀陈炯明叛变，围攻孙中山所在的总统府。孙中山脱险后，率海军舰队与陈炯明军队交战五十多天，却以失败告终。这次惨痛的教训让孙中山彻底明白，旧军阀是靠不住的，只有组建自己的军队，用自己的武装力量才可以完成革命。这之后，孙中山创办军校，组建军事武装的愿望更加迫切。

对于国共合作，共产国际方面是绝对赞成的。不过，中国共产党内部虽然一直很支持孙中山的革命事业，但对两党合作仍有着诸多顾虑。首先，大部分同志认为两党宗旨和所据的基础不同，孙中山不会重视中共，合作后必定不会一视同仁。并且，因为合作的前提是要共产党员以个人名义加入国民党，这种要求让许多党员非常抵触。面对中共的不满情绪，共产国际代表马林对中共的领导人进行说服工作。

1922 年 8 月，中共领导人与马林在杭州西湖召开了为期两天的会议。与会的有陈独秀、李大钊、张国焘、张太雷等七位中共领导人。会上，马林先是一句话不说，静静地听着陈独秀等人对国共合作所抱有的担忧。当所有人都停止讲话，将目光投向他时，他才清清喉咙，慢条斯理地讲起话来："我明白你们的心情，但目前中国的无产阶级力量和作用都还很小，而国民党建党早，相较共产党要成熟一些。国民党现在内部混乱，缺乏群众基础与科学的领导机构，但这些正好是共产党所具有的。只有两党合作，团结一心，中国的革命才能早日成功，共产主义才能得以迅速发展。"

马林的一番话虽然不能完全打消中国共产党人心中的担忧，但的确缓和了党内的抵触情绪。不久，中国共产党提出了反对帝国主义侵略、推翻封建主义统治的民族民主革命纲领，以及中国革命阶级和政党建立"联合战线"，进行"联合战争"的政治主张。在共产国际帮助下，中国共产党开始与孙中山领导的国民党磋商建立革命"联合战线"，帮助孙中山改组国民党。1923 年，在中共的第三次全国代表大会上，正式决定全体共产党员以个人身份加入国民党。

其实，对于国共合作，国民党内部的右派人士同样极为反对。但孙中山心意已决，再加上左派人士的支持，国共合作的各项事宜一直稳步进行。最终，在两党共同努力下，1924 年 1 月，国民党在广州召开了第一次全国代表大会。会上，孙中山正式采纳了中国共产党提出的反帝反封建政治纲领，制定了"联俄、联共、扶助农工"为核心内容的新三民主义，国共两党正式建立革命统一战线。

◎中国国民党第一次全国代表大会旧址

至此，中国正式迈入大革命时期。也就是在这段时期里，中国共产党逐渐成长、成熟，并开始认识到掌握武装力量的重要性。

练兵黄埔

广州市区 40 华里外的珠江南岸附近，有一座美丽的岛屿——黄埔岛。黄埔岛又名长洲岛，四面环水，风景秀丽，是从海上通向广州的要冲。黄埔岛历史悠久，1885 年时清政府曾在附近先后兴建过校舍，筹备广东水师学堂、广东武备学堂和广东陆军中学堂等。此时，清朝虽已覆灭，但当时的校舍尚在。孙中山看中黄埔岛与世隔绝的地理环境以及旧校舍，决定在这里建立军事学校，也就是被称作“中国西点”的黄埔军校。

经过一次次失败，孙中山在共产国际以及共产党的帮助下，逐渐意识到组织革命军队的重要性。黄埔军校的建立，就是要为中国的革命创建出开天辟地的第一支正规武装革命军队。就如黄埔军校本部楼前所挂的楹联上所书写的，上联：升官发财请往他处；下联：贪生怕死勿进斯门；横批：革命者来。

黄埔军校筹建完成后，面向全国招生。怀抱着振兴中华心愿的热血青年们，受革命的感召，从五湖四海集结到黄埔岛。当时黄埔军校有规定，黄埔军校的学生只要入校就必须加入国民党，即使已经加入了共产党也要如此。这个要求也是国共合作的前提条件之一，但这并不影响共产党员追随共产主义的决心。

六月的黄埔岛已经呈现出盛夏的姿态。热烈的阳光试图透过树叶炙烤大地，洒下一地斑驳的金色痕迹。教室和操场上空无一人，安静得仿佛时光已经静止。只有躲藏在树上的知了，不厌其烦地鸣叫着，提醒人们时光的流逝。此时，唯有一处，呈现出了另一番景象。在黄

◎黄埔军校旧址

埔学校的大礼堂内，学生教员们集结于此，聚精会神地倾听孙中山先生的演讲。每一个学员都沉浸在孙中山先生慷慨激昂的讲话中，外面的炙热与纷乱仿佛已经远去，他们身体里的血液叫嚣着要冲破躯壳的束缚，这种充满激情的力量是革命、是奋斗！

这一天是 1924 年 6 月 16 日，黄埔军校开学的日子。

孙中山站在礼堂最前方的演讲台上，慷慨激昂的讲着话。他的夫人宋庆龄站在他身后不远处，面带微笑地与同学们一起认真地听着。孙中山铿锵有力的声音通过话筒，清晰地传达到礼堂的每一个角落。他向台下的所有热血青年揭示道："中国此刻是民穷财尽，一般都是谋生无路，那些人在没有得志之先，因为生计困难，受了家室之累，都是说要来革命。到了后来稍为得志，便将所服从的革命主义，都置之九霄云外，一概不理了。所以在二年之前，竟有号称革命同志的陈

◎黄埔军校开学典礼

炯明，炮攻观音山，拆南方政府的台。”

听到这里，许多同学都对旧军阀的卑鄙行径感到愤慨，心中革命的信念愈加强烈。

孙中山继续说道：“我们今天开这个学校，有什么希望呢？就是要以今天起，把革命事业重新来创造，要用这个学校的学生做根本，成立革命军。诸位学生，就是将来革命军的骨干，有了这种好骨干，成了革命军，我们的革命事业便可以成功。”

讲到这里，台下的同学无不对孙中山的真知灼见感到由衷地佩服。孙中山的这一番讲话，同时也适用于解释中国共产党建军的必要性。但是当时的共产党还尚且年轻，领导机构并没有将此番理论与党内的运行机制相融合。

黄埔军校初期的组织，是以孙中山为校总理，蒋介石为校长，廖仲恺为学校党代表。黄埔军校的教员是由国民党与共产党人士共同担任，共产党内的聂荣臻、恽代英、肖楚女等人均在校内担任重要职务。

黄埔军校第一期学员录取了四百七十人，分为九个班。学员们每天的日程都安排的满满的。早上天不亮就要起床出操，早操结束后的早饭时间只有十分钟，吃完饭就要立刻开始一天紧张的课程。课程分政治教育与军事教育两种。政治教育课程主要以革命理论和革命知识为主要内容，包括《三民主义》、《国民革命概论》、《帝国主义》、《社会进化史》、《各国革命史》、《苏联研究》等。军事教育课程是讲典范论和四大教程。如《步兵操典》、《射击教范》、《野外勤务》以及《战术学》、《兵器学》、《筑城学》、《地形学》。另外，还设有《军制学》、《交通学》、《实地测图》。在注重理论学习的同时，学校还设有许多实战练习，从单兵动作到排连营在行军、宿营、战斗中的联络和协同，都依次循序实施练习。大大提高了学生的军事素质和实践能力。

学习生活虽然忙碌、紧张，但学员们都很享受这样的生活。许多共产党人虽然上过学，接触过许多先进文化思想，却从未正统地学习过先进的军事理论与战斗技巧。在黄埔的这段学习生活，对许多共产党员和先进青年的军事生涯，产生了至关重要的影响。

军校刚开学的时候，政治部主任是由国民党右派代表戴季陶担任。戴季陶一向反对孙中山“联俄、联共、扶助农工”三大政策，还常向学生宣传礼义廉耻、忠孝节义等封建旧思想。来到黄埔学习的青年，大多都是怀抱着救国图强的理想而来的，极为崇尚先进文化与先进知识，所以非常反感戴季陶的主张与观点。最后，忍无可忍的学员团结起来，将戴季陶轰下了台。之后，政治部主任的工作就由共产党代表周恩来接替。周恩来有能力，思想新，深受学生们的喜爱。在他的主持下，军校的政治工作相当活跃，极大地推动了共产党在校内的发展与壮大。

开学不久，“中共黄埔特别支部”成立，以优秀共产党员蒋先云为代表的共产党员团结在一起，积极开展活动，反击国民党右派对中共的攻击与打压。之后，蒋先云等人又筹备成立了“青年军人联合会”。在周恩来的帮助下，青年军人联合会很快就办得有声有色，许多优秀青年都加入进来，其中不乏一些日后功成名就的将帅人物。

校内生活虽然丰富多彩，岛外的世界依旧征战不断。1925 年 2 月，黄埔军校的学生参加了第一次东征。当时黄埔军校的学制是半年制，所以，虽然有前期学员已经学成毕业，但其实仍旧未脱去学生气。

◎蒋先云

战场与军校的演习不同。漫天的火光与硝烟让整个天空都失去了颜色。天空是无止境的灰，而阳光仿佛永远躲藏在厚厚的云层之后，世界仿佛陷入一片混沌。初次面对这个血与火的世界，有的人恐惧得躲在战壕中浑身发抖，但大多数人都怀抱着视死如归的心情提枪跃出战壕，向敌人冲去。

机枪声、火炮声，战士们的冲锋声，不绝于耳。每一名学员用自己坚定的信念，将理论知识转化为实践经验，在血与火的考验中不断学习，不断让自己变得更加强大。他们高唱着“以血洒花，以校为家，卧薪尝胆，努力建设中华”的校歌，从稚嫩的学员蜕变为一个个千锤百炼的钢铁战士。

在这次参加东征的黄埔学员中，也有许多共产党人。他们中的一部分日后成为了中共建军的坚实脊梁。

1925 年 3 月 12 日，伟大的民主革命先行者孙中山先生在北京逝世。同年 8 月，国民党左派代表廖仲恺先生遭人刺杀身亡。黄埔军校的两党斗争瞬间激化。担任校长的蒋介石也更加肆无忌惮地将学校变为培养他个人势力的工具。即便如此，在黄埔军校学习的共产党人，从未放弃革命的信念。他们一边认真学习，一边坚定地与国民党右派作斗争，培育出一批又一批优秀的军事将才。

黄埔军校的共产党将帅

黄埔军校可以说是国共两党合作的结晶，将星的摇篮。中国共产党的诸多良将名帅，都曾在黄埔军校学习或任教过。当革命成功，新中国成立后，将帅们回忆起当年，都对黄埔军校的学习生活记忆犹新，

◎青年时代的徐向前

因为这是他们军事生涯的一段重要历程。

当时黄埔军校的校长是蒋介石。蒋介石经常利用自己的校长身份，笼络军校学员，培植个人势力。徐向前元帅曾就读黄埔军校，是黄埔军校一期的学生。他在军校学习优秀，演习的表现也是可圈可点。当时，徐先前还未加入中国共产党，只是一心追随孙中山的新三民主义。蒋介石对徐向前的表现很欣赏，便用一贯的伎俩进行笼络。

一日，蒋介石将徐向前等几个学生叫到办公室谈话。谈话是一对一单独进行的，没有轮到的时候就站在办公室外面等候。徐向前那时完全不明白蒋介石的意图，站在门外等候时，还揣测是否校长对自己的学业表现不满。已经先后有三个学生进去谈过话了，时间有长有短。轮到徐向前的时候，他也没有多想什么，报告得到应允后，就推门走进了办公室。

蒋介石坐在办公桌后面伸手示意徐向前坐下，嘴角扯出一个客套的笑容，开口问道："你是哪里人?"

徐向前据实回答："山西人。"

"在家都干过什么?"

面对蒋介石犹如审查般的询问，徐向前感觉有些不舒服。他停顿了一下才回答道："当过教员。"

蒋介石听后，点了点头，身体向后倾，靠在椅背上，一副学究的派头。之后，他又陆续问了几个问题，徐向前不卑不亢地一一据实作答。蒋介石问的都是些无关痛痒的问题，像是对于学校有什么看法，课业是否跟得上等等。最后，蒋介石还表示校长永远是为学生们着想，站在学生一边的，说完又扯出一个客套的笑容。

一番谈话下来，徐向前终于明白蒋介石的拉拢意图，但他并不受用这一套。蒋介石的亲切在他看来实在是有些装腔作势，对于蒋介石抛出的橄榄枝，他选择视而不见。

◎青年时代的陈庚

除了徐向前，陈赓大将也曾受过蒋介石的拉拢。陈赓当时是“黄埔三杰”之一，在学生中表现极为突出，蒋介石对其也是欣赏有加。新年的时候，还特意邀请陈赓等几位学员去他家聚餐。

当时能去校长家聚餐，在其他学生眼中是非常荣幸的事情，许多同学都对陈赓几人羡慕不已。与陈赓同去的其他几位学生也极为受宠若惊，出门前像个姑娘似的对着镜子“梳妆打扮”。陈赓倒是兴趣缺缺，他觉得新年还是和亲朋好友聚在一起比较开心。

蒋介石的新年晚宴非常丰盛。蒋介石、陈赓以及其他几位学员围坐在一起。学员们盯着面前的饭菜，没有人敢轻易动筷，气氛很是尴尬。蒋介石看看几位学生，率先举筷说道：“大家，请随意。”

陈赓几人像是做提枪训练一样，齐刷刷地拿起筷子，动作一致地夹起离自己最近的一道菜。等蒋介石一落筷，众人又齐刷刷地放下筷子。蒋介石也读出这空气中的紧张气氛，便说：“大家不要这么拘束，就当是去长辈家吃顿便饭。大家随意，随意。”

这话说完，大家动筷虽然比之前勤了，但空气中的尴尬气氛却一直存在。这种假惺惺的客套，让陈赓浑身不舒服，吃进嘴里的菜也尝不出味道，只盼望可以早点回到学校宿舍，与朋友一起欢度新年。

就在陈赓心不在焉的时候，蒋介石忽然将话题转向了他：“听说你是从大本营陆军讲武学校过来的?。”

“是。我和其他几个同学本以为那是孙先生办的学校，谁知去了才知道不是，就又转来这边了。”陈赓答道。

蒋介石听后，称赞道："选择追随孙先生干革命是正确的。在军校学习、生活中遇到困难，可以随时向我反映，我来帮你们解决。"

桌上的其他几位学员听了蒋介石的话后非常感动，纷纷向蒋介石敬酒，趁机向校长表忠心。唯独陈赓只是礼貌地道谢，并没有过多表示什么。陈赓当时虽未认清蒋介石的真面目，但因为他已经加入中国共产党，对饭桌上拉拢关系、"交流感情"这一套非常抵触。所以，蒋介石这一次的明显"示好"显然白费了心机。

相较蒋介石各种拉拢，在校担任政治部主任的周恩来则朴实许多。他虽然负责政治工作，却从不会刻意拉拢学员。当时周恩来只有二十六岁，没比学员们大几岁。再加上周恩来学识渊博、性格好，人又长得精神，学员们都很喜欢他。每次周恩来在学校作报告，学员的参加人数是最高的。若要问学员为什么爱听周恩来作报告，他们一定会说："周主任分析国内外局势精准、透彻，讲起革命也清楚明白，能不爱听吗?"

◎黄埔军校时的周恩来

周恩来上任没多久，就开始组建中国共产党的党支部。为了组建一个高效的支部，周恩来从黄埔军校的学生党员中挑选出陈赓、许继慎、王逸常、杨其纲等几位优秀共产党员担任支部成员。陈赓当时还是校内"血花"戏剧社的社员，周恩来便让他组织戏剧社多排练一些有意思的革命剧，宣传革命思想。周恩来常帮助戏剧社修改剧本，筹备经费。在众人的努力下，"血花"社排演的讽刺剧《皇帝梦》受到广大学生的欢迎，名声大噪，就连校外的机构也邀请他们去表演。

在周恩来的帮助下，党支部和戏剧社的运作都非常顺利，申请加入共产党的人越来越多。这其中有许多人，最后都成为了红军中的骁

◎图为聂荣臻(前右3)与黄埔军校政治部全体工作人员合影

勇良将，解放军中的威名将帅。

黄埔军校的教官中，还有一位共产党教员，那就是聂荣臻。聂荣臻刚调到黄埔时，恰逢廖仲恺被刺杀不久，黄埔军校左派和右派斗争激烈。聂荣臻被分配到黄埔军校党团领导小组，负责政治部的工作。在上任前，他曾单独与周恩来进行过一次会面。周恩来提醒他要防范蒋介石对中共的排挤与打压，并告诉他："对于蒋介石的打压，最有力的反击就是积极展开党、团内的活动，争取更多的进步青年。"

聂荣臻将周恩来的提醒牢记在心，入校后立刻开展工作，积极筹备党、团内活动，极大程度地扩大了共产党的影响，吸收了众多新党员。为了提高学生的政治觉悟，培养学生的军人素质，政治部成立了由黄柏龄为委员长的政治之军事月刊社编纂委员会。聂荣臻担任该委员会的政治编辑主任，出版《革命军》、《黄埔潮》等先进军事刊物。偶尔，聂荣臻会亲自撰写一些文章发表在刊物上，向校内学生阐述革命军人的责任与义务，在校内受到了学员的欢迎。

◎李之龙

以聂荣臻为代表的共产党人在学生中的威信越来越高，这引起了野心勃勃的校长蒋介石的不满。蒋介石将共产党视为眼中钉、肉中刺，一心想要将共产党铲除。

1926 年 3 月 20 日，聂荣臻准备乘船从黄埔去广州办事。刚上船，忽然听见中山舰上有人喊："把船靠拢！船上的人都上舰！"

◎中山舰

聂荣臻虽然对这突然的变故感到困惑，但还是听从调度上了舰。一上舰，聂荣臻就发现舰上全部都是共产党人。大家神色凝重，都不怎么说话。聂荣臻察觉到舰上的不安气氛，但此时战舰上有重兵把守，不允许任何人离开。直到下午，聂荣臻等共产党人才被释放。

恢复自由后，聂荣臻忙到区党委了解情况，谁知区党委的人已被疏散。后来了解到，周恩来也遭到了国民党的软禁。蒋介石公开诬告共产党，称共产党人李之龙擅自将中山舰开入黄埔，是共产党阴谋暴动。同日，蒋介石以此为借口，命令逮捕了李之龙，扣押中山舰，包围省港罢工委员会，收缴工人武装，拘留第一军第二师中的左派党代表和政工人员四十多人；宣布广州全市戒严；同时包围苏联顾问团住处。这就是著名的中山舰事件。

中山舰事件是蒋介石一手策划的。他先派人向李之龙传达调动中山舰的命令，再反诬共产党图谋暴动，以此打压共产党的力量。周恩来、聂荣臻等人对蒋介石的卑劣行为愤怒不已，主张予以强烈反击。但由于陈独秀以及共产国际的右倾错误，共产党一再退让，使黄埔军校乃至整个中共内部都遭受了严重打击，聂荣臻也被免去了黄埔军校的职务。

当时黄埔军校虽然波涛暗涌，但不可否认，它仍旧为之后中国共产党领导的军队培育了许许多多的军事英才。这些优秀的学员中不仅有徐向前、陈赓，还有左权、伍中豪等军校中的后起之秀。教员中不仅有早期入党的周恩来、聂荣臻，还有当时就任国民党高级将领的叶剑英。

叶剑英当时虽然未加入共产党，但在黄埔军校担任教授部主任期间，他接触了马克思列宁主义思想，对共产党的向往一日多过一日，最终成为一名坚定的共产主义战士，为中国共产党建立人民军队立下了不朽功勋。

黄埔军校育才无数，其中的许多英才在不久的将来选择了共产主义的道路，选择了共产党所领导的人民军队。他们之中有的早早为革命献出了宝贵的生命，有的一直奋战到新中国成立。无论如何，他们都是中国人民军队不朽的缔造者与参与者，他们的威名必将流芳百世。

北伐战争打响

黄埔军校的建立就是为了打倒军阀，改变军阀割据的现状，取得国民革命的胜利。1926 年的时候，黄埔军校的学员在经历了刻苦的学习、训练以及东征的洗礼后，他们已经完全可以担负起国民革命的重任，开始战斗了。

中山舰事件发生后，中国共产党虽然遭受了严重的打压，但是党内的各级同仁依旧积极努力工作，为国家、为革命鞠躬尽瘁。共产党方面对于反帝反封建的北伐战争持绝对的支持态度。因中山舰事件被免去职务的聂荣臻以及被挤出第一军的周恩来等共产党人，仍旧利用各种机会在黄埔军校和国民革命军中开展工作，及时向共产党员传达党的方针、政策，为北伐做准备。

北伐战争是孙中山生前未完成的心愿。为完成孙中山遗愿，1926年7月4日，国民党中央在广州召开临时全体会议，通过《国民革命军北伐宣言》，陈述了进行北伐推翻北洋政府的理由。战争即将打响。

1926年7月9日，广州依旧处于酷暑的侵扰之下。广州的东校场被炎炎的烈日炙烤着，无处不在的热气在空气中不断升腾、盘旋，令人头晕目眩。在校场上的国民革命军却仿佛感受不到这恼人的炎热，整齐地列队站在校场上参加北伐誓师大会。校场上人头攒动，在场军民大约有十万人。他们高喊着革命口号，远远看去蔚为壮观。

在苏联及中国共产党的帮助下，国民革命军一路势如破竹，很快就占领了长江以南的广大区域，沉重打击了吴佩孚、孙传芳等封建军阀势力。

北伐军中，中共党员身先士卒，浴血奋战，蒋先云、曹渊等一批共产党员在战斗中壮烈牺牲。同时，北伐途中，中国共产党各级组织在广东、湖南、湖北等省领导工农群众积极参与运输、救护、宣传、联络等工作，为北伐胜利进军提供了有利保障。

中国共产党的优秀党员蒋先云就是中国革命“脊梁”的一个代表。蒋先云是黄埔军校一期生、“黄埔三杰”之首。他毕业后加入军队，表现一直非常优秀。北伐战争打响后，他任北伐军总司令部机要秘书，

◎蒋介石在北伐誓师大会上发表讲话，台上左一为蒋介石

北伐战争中的许多文件、通告都是由他拟写。之后，他又担任补充第五团团长，作战英勇，受封陆军少将军衔。

如果蒋先云追随蒋介石，投入国民党，想必一定可以平步青云，过上衣食无忧的“老爷”生活。但蒋先云不屑于物质的丰富，他崇尚的是改变旧中国的革命，追求的是使国家富强、百姓安居的奋斗道路。所以，当蒋先云得知蒋介石有心背叛革命后，立即听从周恩来、刘少奇等人的安排，到湖北展开工作，担任湖北军委委员、武装部长兼湖北省总工会工人纠察总队总队长。

1927 年年初，蒋介石的反共意图越发明显，共产党人深刻意识到建立一支自己的武装的重要性。于是，他积极扩大纠察队，尽最大努力从各种渠道获得更多武器，按军队编制进行训练。工人纠察队壮大到 5000 余人，3000 多条枪，成为中共掌握的一支重要武装力量。

不幸的是，1927 年 4 月 18 日，国共两党在武汉的召开联席会议，决定继续北伐。4 月 19 日，蒋先云被任命为北伐军第一纵队第二十六师七十七团党代表兼团长；5 月 28 日，在河南临颍作战时英勇牺牲。

如蒋先云一样的英勇共产党人在北伐战争中数不胜数，他们或许牺牲，或许继续战斗。但不论如何，他们都为共产党掌握革命武装和建立军队立下了汗马功劳。

当时除了叶挺领导的国民革命军第四军独立团外，共产党并没有掌握任何正规武装军队。尽管如此，共产党却在部队中发挥着重要作用。当时国民革命军虽有众多黄埔军校毕业的优秀学员，但军队整体上还是缺乏正规军队的纪律性和责任感。为了使军中战士的素质提高，共产党人主要担任了军中的政治工作。

政治工作看起来像是只会“动嘴皮子”的工作，对于真刀真枪拼杀的战场毫无实质意义，但其实这种印象是错误的。政治工作对于一个军队的建立、发展都有着极为重要的作用。而中国共产党在北伐军中开展政治工作，更是给这支新兴的革命军予以了重要帮助，这也是这支军队自北伐战争开战以来一路过关斩将，势如破竹的重要原因之一。

担任北伐军政治部主任的邓演达在北伐战争开始前夕就说过："政治工作的使命，首先是教育部队官兵懂得为什么革命，懂得为什么要打倒军阀，打倒帝国主义，打倒贪官污吏""政治工作人员的责任，就是把这个部队教育成为名副其实的革命军队。"

为此，共产党人还特别列了几条政治工作的重点任务。例如：宣传民主革命的任务，讲清楚为什么要打倒帝国主义、打倒军阀；对部队实行民主改造，废除打骂士兵的制度；教育士兵遵守革命纪律，改造旧军队的作风，使武力与民众相结合。但仅有这些是不够的。共产党以及国民党左派人士认为，要想使一个军队的素质提高，成为训练有素的先进军队，就必须从"当官的"入手。"当官的"行事必须以身作则，亲力亲为。

当时北伐军中政治部的人员除了部分国民党左派人士外，其余大多数都是共产党员，例如：李富春、朱克靖、廖乾吾、林伯渠等。这些人在军中或大或小都担任着一些官职。令普通战士惊奇的是，这些"官老爷"一点架子也没有。每次一段行军结束，部队进入原地休整阶段时，政治部的"官老爷"们不会跑到轿子里，树荫下休息，而是穿梭于官兵之间，慰问战士，询问战士是否有什么困难。这样的关心与问候，在当时艰苦的北伐行军路上，犹如和煦春风，抚慰了每一个战士的内心。

北伐军成立不久，军中难免有一些有着旧军阀习气的军官。这些军官大多参加过其他军阀部队，对待手下士兵不够尊重，心情不好就对士兵肆意辱骂殴打，给部队造成了恶劣的影响。面对这种现象，政治部予以了严厉的制裁，一旦发现立即严惩。渐渐的，打骂士兵的现象在北伐队伍中绝迹了。

通过这些林林总总的小事，共产党在军中的威望越来越大。许多战士都开始向往加入共产党，偷偷向政治部的共产党员申请入党。要

◎《北伐战争》画作

问他们为什么想加入共产党，有的人会说：“共产党人人平等，没有‘官老爷’。”还有的会说：“我们营长就是共产党，每回打仗都冲在最前头！我要跟营长一样！”

通过宣传教育，战士、军官的思想认识不断提高，革命热情也逐渐高涨。尤其是以叶挺独立团为代表的官兵，各个英勇无畏，不怕牺牲，奋勇冲锋，顽强战斗。这种精神，正是将来共产党建立的军队所具有的最根本、最伟大的精神。而这些被共产党人的优良品质所吸引的战士，也成为了共产党建军的重要基石。

1927 年 2 月，北伐军占领杭州。3 月 20 日成功进抵龙华，北伐形势一片大好。北伐军一路凯歌，为了配合北伐军夺取上海，共产党领导上海工人举行了第三次武装起义。这次起义由周恩来亲自领导，声势极为浩大。起义于 3 月 21 日发动，22 日时就已顺利占领上海。

北伐战争之所以能够进展得如此顺利，共产党功不可没。但这一切，在蒋介石看来全部成了他夺权之路上的绊脚石。共产党人在北伐中的出色的表现，只会使共产党在人民群众中的威信会越来越高，工农武装力量几乎全部开始追随共产党。蒋介石担心共产党的势力会越来越大。这些担忧让蒋介石寝食难安，清除共产党的渴望越来越强烈。

于是，同年 3 月末，共产党打开上海城门迎接北伐军进城后没几天，蒋介石就发动了震惊世界的“四一二”政变。

4 月 12 日这天，蒋介石下令强占工会，解除工人武装，大批捕杀工人和共产党员。在这次事变中，有大批优秀共产党员惨死于蒋介石的屠刀之下。中国共产党人第一次深刻地认识到蒋介石的阴险面目。国共合作下的北伐战争也岌岌可危。

中共最早掌握的武装——叶挺独立团

叶挺独立团的领导者是叶挺。他先后毕业于广东陆军小学堂、武昌陆军第二预备学校和保定陆军军官学校，1919 年加入国民党，1921 年任孙中山陆海军大元帅府警卫团第二营营长。1924 年，叶挺赴苏联，先后在莫斯科东方大学和红军学校中国班学习。叶挺在莫斯科留学期间，结识了聂荣臻等一批中国共产党党员，接触了马克思列宁主义，对革命有了崭新的认识。很快，他就加入了中国共产党，成为一名优秀的共产党员。

◎叶挺

1925 年 8 月上旬，叶挺回国后，被任命为国民革命军第四军参谋处长。10 月，他率军参加讨伐陈炯明的第二次东征战役。不久，当部队打到紫金山后，叶挺在惠州前线接到调往肇庆的命令，参加正在组建的以共产党员为骨干，由中共广东区委直接领导的国民革命军第四军第十二师第三十四团，担任团长。

那时第三十四团还不叫叶挺独立团，但是这个团的确有“独立”于其他部队的地方——设有共产党支部。当时不论旧军阀还是国民革命军都不重视军队的政治建设，许多国民党右派觉得共产党爱搞的政治工作只是文人的“唠叨”，对此不屑一顾，认为军队就是要靠武力说话。学习过马克思列宁主义的叶挺不这样想。他认为，一个强大的军队，必须纪律严明，战士有责任感，需要一个“主心骨”来引导军队，而这个“主心骨”就是共产党。

最开始，叶挺的团中也常有违法乱纪的现象，像聚众赌博、军官打骂士兵、士兵思想不纯等问题。叶挺得知这些情况后，便与党支部的一些成员一起在团内进行了“革命军的性质和任务”的教育。这些教育使官兵们了解到：共产党领导的第三十四团，是一支肩负打倒军阀、统一中国的艰巨历史任务的革命军。既然做了革命军就不能再像旧军阀一样不务正业，得过且过。为了使军纪可以发挥最大作用，党支部还制定了三条纪律：

第一、连队军官和士兵吃一样的伙食，不得另设小灶；

第二、经济公开，定期公布收支账目；

第三、严禁体罚，废除肉刑。

这三条纪律一经公布，就受到了广大士兵的追捧。许多士兵一开始对共产党并不了解，只是随波逐流地进了叶挺的队伍。此时，部队纪律经党支部的整改，立刻让士兵们意识到这是一支真正的革命军，是一支人民的军队。许多人也因此积极申请入党，叶挺团内的党员队伍越来越壮大。

由于当时中国共产党年轻、稚嫩，国共合作后并没有积极去发展掌握自己独立的武装队伍，唯独叶挺独立团是个例外。在叶挺以及党支部的领导下，叶挺的队伍很快成为了一支有着坚定革命信念、纪律严明、富有军人责任感的进步军队。

1926 年 1 月，北伐在望。广东区委和第四军军部同时发来两份内容相同的公文。通知三十四团即日起脱离第四军十二师建制，由第四军军部直接管辖，改称第四军独立团。由此，中国共产党领导的叶挺独立团正式诞生，而这支部队也即将拉开它的传奇序幕。

可以说，叶挺独立团，是共产党建立属于自己的人民军队的源头。此时的独立团也许只是中国大地上的一条小溪。这条小溪，在闪闪红星的指引下不断与其他溪流汇合聚集，奔流不止，直至成为波涛汹涌的壮阔海洋。

这一年的 7 月，北伐战争正式打响。北伐军分三路从广东出师北伐，叶挺独立团担任正面进攻的任务。叶挺独立团是北伐军的急先锋，一路将北洋军阀的军队打得落花流水，很快便攻陷了长江以南多个地区，直逼武昌城。

武昌是湖北的政治、经济、文化中心。这里地理位置优越，北靠长江，东临沙湖，西依南湖。其正面城墙高巍如城堡，易守难攻，并有上万人把守。叶挺独立团第一次攻城就处处遭遇困境，最终以失败告终。

叶挺在指挥部看着南昌城的地图，陷入深深的思索。想要突破武昌城的封锁线，必须要在正面打开一个缺口。但说起来容易做起来难，打开缺口的任务是艰巨又危险的，伤亡必定极为惨重。叶挺将自己的想法向指挥部其他几位军官表明。一营营长曹渊听后沉思了片刻，说道："团长，由我们一营担任奋勇队去打开缺口吧。"

叶挺听后有些迟疑，曹渊又再三表明自己的决心，叶挺才终于答应他的请求。曹渊回到营里后，立即进行了战斗动员。营里有许多共产党员，大家的觉悟非常高，清楚此次战斗的重要性，纷纷申请加入奋勇队。一营中有位班长，向曹渊表达了参战请求后，交给了曹渊一封信、一包衣服和一些散钱。他说："如果我牺牲了，请帮我把这些转交给我家乡的母亲。"曹渊捧着手中的物品，仿佛有千斤重。他用力地点点头，承诺道："你放心，我会将物品转托给团部，让他们帮你保管。"

这位班长的故事感动了许多人。一营的战士纷纷赶来报名加入奋勇队，并都写好诀别书交托团部。一营战士的行为不仅感动了叶挺独立团的所有人，就连前线的部队听说后都因感动红了眼眶。一位上了年纪的老军官赞叹道：“古有抬棺出阵之事，今有留书攻城壮举!”

9 月 5 日拂晓，黑夜尚未离去，一营奋勇队的战士们已经开始行动。在营长曹渊的带领下，一营战士们扛着云梯，有计划地向城墙逼近。守城的敌人很快就发现了一营的战士，疯狂地向战士们扫射。一营战士毫不畏惧，英勇向前，在墙角下竖起云梯，开始爬墙。前面的战士被敌人的子弹击中倒下，后面的战士继续向上攀爬，前仆后继，英勇无畏。

武昌城内守城敌人足有万人之多，而叶挺独立团总共只有 2000 余人。这就意味着，一营战士要面对多于己方十几倍、甚至几十倍的兵力。曹渊看着城墙上拼命扫射的敌人，看着自己的战友一个个倒下，他心中燃起无穷尽的斗志。他高喊着口号身先士卒的向前冲去。在他的带领下，一营战士嘶吼着向敌人冲去，犹如千军万马奔腾而来，势不可挡。

◎国民革命军的“铁甲车队”是叶挺独立团前身

◎叶挺独立团战士在刻苦学习

黑夜渐渐离去，东方有了光亮，温暖的阳

光又开始洒向武昌城。昨天的恶战仿佛已经远去，只有城墙上斑驳的血迹在提醒着历史永远牢记这里上演的壮烈悲歌——为了革命，为了北伐大业，叶挺独立团一营全体官兵阵亡。

依靠叶挺独立团战士们的浴血奋战，北伐军主力军于 10 月 10 日成功占领武昌城。武昌城内的人民张灯结彩，锣鼓喧天地欢迎北伐军的到来。大家听说了叶挺独立团的事迹后，无不夸赞叶挺独立团所向披靡的战斗风貌，称赞他们为“铁军”。面对如此称赞，叶挺这样回应道：

> “因为独立团是共产党的军队，因为有了共产党，我们才能成为铁军。如果我们团内没有这样坚强的共产党组织，没有共产党员的模范作用，如果我们不是共产党的队伍，人家会不会叫我们‘铁军’呢？我想是不会的。”

正如叶挺所说，叶挺独立团之所以可以成为北伐战争中的“铁军”，有着如此惊人的战斗力，是因为它有着共产党这个“主心骨”。每一个共产党员干部，都会在军队中起到带头作用，和战士们一起英勇杀敌，没有高低贵贱之分，这就是为什么即便是在共产党最困难的时期，也从未被真正打倒；这也就是为什么，共产党可以从一个几乎没有武装力量的政党，最终成为拥有强大的人民军队的军事巨人，并最终解放中国的原因。

这次北伐，是继东征之后，叶挺独立团的又一次历练。在血与火的考验下，叶挺独立团展现出了共产党军队所具有的革命英雄主义精神。战士们的英勇表现，再一次让叶挺独立团威震四海。这支威名赫赫的铁军，同时成就了共产党最坚实的建军基础。

第二章

起义枪声响，八一军旗扬

随着革命高潮的到来，统一战线内部争夺领导权的斗争日益激烈，特别是1925年3月孙中山逝世之后，国民党右派篡夺领导权的活动日益猖獗。国民党右派的野心昭然若揭，国共合作的大革命时代渐渐走向终结。

当挫折与困境来袭，共产党人没有屈服放弃，而是选择高举着军旗，迎向逆流奋勇向前，向前……

右倾机会主义与国共合作破裂

1927年“四一二”反革命政变爆发后，国共合作就走到了一个尴尬的十字路口。年轻的共产党面对突如其来的变故有些惊慌失措，却没有及时认识到问题的关键。虽然毛泽东、周恩来、蔡和森等人已经意识到掌握武装力量的重要性，但是当时中央以及共产国际却对毛泽东等人的意见置若罔闻。

1927年4月27日，中共中央在武昌紧急召开了第五次全国代表大会。大会进行了半个月之久，讨论的主要内容就是如何有效的挽救革命危机。陈独秀依旧以中共中央总书记的身份主持会议。会上，他并

◎中国共产党第五次全国代表大会旧址

没有从“中山舰事件”以及“四一二”反革命政变中吸取教训，不仅没有改正右倾错误，反而变本加厉。周恩来等与会代表强烈主张东征讨蒋，联合国民党左派人士予以蒋介石沉重打击。但陈独秀和共产国际否定了这个提议，他们认为打倒蒋介石之前应当先进行第二次北伐，通过对国民党让步继续维持国共合作。

共产党虽未与武汉的国民政府关系破裂，双方继续合作展开第二次北伐。但是国共两党之间的矛盾却从未消除，甚至是与日俱增。国共两党这种半死不活的合作关系，脆弱得仿佛一阵微风都可将其摧毁。

果不其然，第二次北伐成功后，武汉国民政府在共产党的协助下迅速壮大，但两党之间的矛盾也上升至一个新的阶段。没多久，武汉国民政府的冯玉祥背叛共产党，倒戈到蒋介石一方，帮助蒋介石共同反共。国共合作可以说是名存实亡，共产党的境地也愈发窘迫。

共产党遭受到的一系列打击与迫害，让党内许多人士再次意识到武装革命的重要性，蔡和森就是其中一个。

蔡和森在共产国际担任过中共代表，对中国整个革命形势看得更透彻一些。所以，当他看到中央与共产国际对国民党的一再退让，感到非常气愤。他在政治局会议上大声疾呼："北伐也好，东征也罢，我们帮着他们打来打去，不仅一无所获还反被盟友咬了一口又一口！我们现在要做的，是来发展我们自己的武装和地盘！"

同时，蔡和森还提出两湖暴动的计划。计划中明确提到"发展武装力量"的建议。但这个计划最终没有实现。计划本身的不周密是一个原因，陈独秀的右倾机会主义是另一个原因。陈独秀一向不重视军权，再加之共产党一再遭到破坏，使他更难做出冒险的决断，比起暴动，他更愿意将希望寄托到回国不久的汪精卫身上。

◎汪精卫

汪精卫是在 4 月时从莫斯科回到上海的。汪精卫那时还是国民党左派代表人物之一，在共产党中也有一定的威信。回国后，蒋介石曾试图拉拢他，但未成功，他还是回到了武汉，明确表明自己的左派立场："革命的向左来，不革命的滚开去！"

看起来汪精卫是坚决表明了自己的立场，但是随着国共矛盾的升级，他早已对国共合作产生了质疑。所以陈独秀将希望寄托于汪精卫是极为危险的行为。当然，事实也证明了陈独秀的错误，并且中共也为这个错误付出了惨重的代价。

这还要从共产国际发来的一份电报说起。电报中的主要内容是：一、实行土地革命；二、动员两万名共产党员和五万名工农群众，组成中共领导下的新式军队；三、吸收国民党左派进入其中央，取代其中的妥协动摇分子；四、组织革命法庭，惩办反动军官。电报的核心意思就是指示共产党实行暴动。

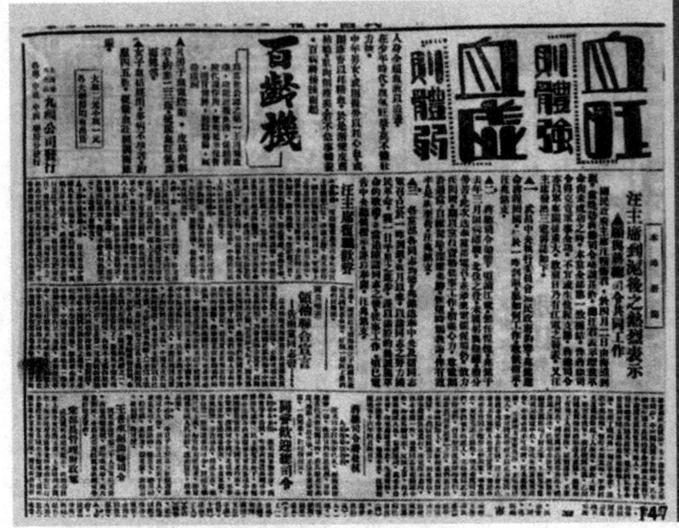

◎1927年4月5日，陈独秀和汪精卫会谈后发表联合宣言，说“国民党领袖将驱逐共产党，将压迫工会与工人纠察队”等等，都是所谓谣言

这份紧急指示，对于当时正被国民党困扰得焦头烂额的共产党来说，在理论上是有积极意义的。但是，斯大林和共产国际却寄希望于汪精卫集团能同中国共产党合作来执行这个指示，这等于说是乱上加乱。张国焘甚至认为这是共产国际在为日后推卸对于中国大革命失败的责任制造根据。党内其他同志虽然一直主张建立自己的武装，但他们显然认为在此时已经不可能了。最终，中共中央决定回复共产国际，拒绝这个提议。

按说这个插曲到此也该结束了，谁知共产国际代表罗易却擅做主张做了一件事，并给共产党带来新的灾难。

罗易来中国时间并不久，对中国的革命形势也是一知半解。但因是共产国际派来，难免有些骄傲自大，对于总是“不听话”的共产党颇有些微词。所以，遇到问题时，他总爱去询问去过莫斯科的汪精卫。于是，罗易带着这封指示暴动的电报来到了汪精卫的府邸。

汪精卫看到这封电报后，心中大惊，但面上却没有表现出来，只说：“这件事事关重大，我要好好研究一下。”

罗易不疑有他，点头答应。

汪精卫目送着罗易离开，刚才一直伪装的平静神色瞬间消失。他无力地坐到椅子上，冷汗也顺着脸庞流了下来——好险！当他看到电报的那一刻，心中警铃大作。共产党真是太危险了！汪精卫摸摸胸口，感受着自己还在狂跳不止的心脏，之前一直犹豫不决的选择，在这一刻终于做出了决定。

此时的罗易非但没有意识到自己给共产党当来了怎样的危机，反而为自己的行为沾沾自喜。他认为自己拉到一个可靠的帮手，这个帮手一定会帮助自己推动中国革命事业，让自己可以在共产国际风光无限。

这封电报的消息很快就在国民党内传开，“分共”“清党”的呼声达到一个新的巅峰。共产党得知此事后，对罗易又气又急，但此时针对罗易个人发泄也无计可施。6 月底，中共召开紧急会议。会上主要是商讨出一个抉择。当时共产国际的代表鲍罗廷起草了一份关于挽救国共合作危机的意见书，主要内容是：一、承认国民党的领导地位；二、中共党员暂时退出政府；三、工农组织交由国民政府管理；四、工农武装交由政府训练和管理，裁减武汉工人纠察队或将其编入军队；五、工农组织遵守国民政府的法规和秩序，不得随意捕人、审判、游街等等。

这封意见书可以说是共产党做出有史以来最大的让步。对于这种程度的让步，蔡和森是极力反对的，他认为解除工农武装是极其危险的行为。但鲍罗廷、陈独秀等人更倾向于自动缴械。还有一些人认为，交出去一千多条枪并没有太大损失，还是稳住汪精卫更重要。就这样，共产党主动放弃了武装力量，再次对国民党做出了极大让步。

共产党虽然做出了让步，汪精卫却仍然没有放下心头的大石。他认为共产党是一颗定时炸弹，即使解散了他们的工农武装，也只是暂时安全。他不想自己的卧榻之侧存在随时会爆炸的风险。共产党的存

◎被国民党捕杀的共产人和革命人士

在如鲠在喉，非做出个了断不可了。

1927 年 7 月 15 日，汪精卫酝酿已久的清党行动正式开始。他公开表示与共产党决裂，甚至喊出了“宁可错杀一千，不可放过一个”的反共口号。

从这一天开始，白色恐怖蔓延整个中国。失去了工农武装的共产党，仿佛一夜之间，不仅在武汉没有立足之地，在中国其他城市也再也找不到容身之处。不论是蒋介石的南京政府还是汪精卫的武汉政府，都挥舞着大刀，歇斯底里地向共产党人亮出了锋利的獠牙。

汪精卫的叛变，对共产党来说无疑是一场浩劫。由于中共中央的一再退让，让中共面对这近乎一面倒的屠戮而毫无反击之力，只能看着身边的同志不断被逮捕、杀害，人人自危。一直摇摇欲坠的国共合作终于彻底破裂，轰轰烈烈的大革命宣告失败。

“以暴动对付暴动”与“依张回粤”

1927 年 7 月中旬，汪精卫和蒋介石依然彼此敌视。可是，在对待共产党的问题上他们却有着惊人的一致性，白色恐怖在全中国肆意弥漫。共产党人清楚地知道蒋介石与汪精卫早晚要联合起来一致对付共产党，到那时，已经进入困境的共产党将会走到不可想象的绝境之中。大革命失败的惨痛教训使中国共产党人深刻认识到掌握军队和进行武装斗争的重要性。此时，他们再也不想任由错误继续下去，亡羊补牢，未为迟也。

为了纠正右倾机会主义错误，中共中央于 7 月 12 日停止了陈独秀的领导工作，改由张国焘、张太雷、李维汉、李立三、周恩来等五人，组成中共中央政治局兼常委。新成立的“五人中央”召开多次会议讨论中共接下来该如何走下去。这时，会议上再也听不到要求“让步”的声音，周恩来、蔡和森等人认为应该“以暴动对付暴动”，开展武装起义，用革命的暴力对抗反革命的暴力。

这个“以暴动对付暴动”的提议曾是蔡和森、毛泽东一直提倡的，由于罗易与陈独秀的反对，一直没有得到重视。此时革命遭受重创，才让共产党人醒悟过来，再次开始考虑这个方案。

北伐战争失败后，革命力量虽然元气大伤，但中国共产党追求革命的希望火焰并没有就此熄灭。当时新旧军阀之间的战争还没有结束，国民党新军阀派系之间又展开了混战。帝国主义和国内买办豪绅阶级支持下的军阀之间，不断的分裂和战争，仍然是中国社会的基本特征之一。人民的生活状况非但没有得到改善，反而加深了人民的生活负担，社会矛盾日益激烈，这促使人民走向革命，同时也牵制和削弱了他们彼此的力量。这就为中国共产党领导人民革命、创建人民军队、

◎油画:《英勇不屈》

开展武装斗争提供了有利的客观条件。

“七一五”政变之前，党中央已经开始做暴动准备。当时，湖南、湖北和广东都有相当的革命基础。江西方面，中共也掌握了一定的力量。中共根据此基础，决定在四省同时举行“秋收暴动”。毛泽东前往湖南，在当地进行农民运动，为秋收起义做准备工作。当时的党中央虽然还没有确切提出“以农村包围城市”的武装割据理论，但在不知不觉中已经把武装斗争的重点放到了农村。这是一个至关重要的转变，同时也为中共创建军队制造了有利条件。

中共中央虽然已经确定了暴动路线，但实行起来却困难重重。由于右倾机会主义的长期错误领导，共产党失去了大量武装力量，现在手中所掌握的武装除了叶挺的独立团外，几乎再无其他。这可愁坏了“五人中央”。五个人夜以继日地工作，讨论方案，却一筹莫展。张国焘急得围着会议桌团团转，气急败坏地说：“我就说要早暴动，看看现在，咱们两袖清风，怎么暴动?”

李立三这几天也急得上了火，对党中央以前的一再退让恼火不已。此时听到张国焘的唠叨，不由得让他更加恼火，忍不住反驳道：“你现在说这些还有什么用！不如赶快想出个具体方案。”

张国焘被堵得无话可说，心情更加烦闷，干脆坐到椅子上一言不发。此时周恩来从一堆文件中抬起头，说道：“有的同志提议东征讨蒋，伸张正义，为牺牲的同志报仇。对于这种心情我是可以理解的，但这终究太过义气用事。”

李立三听了，也点点头表示同意：“是啊，现在咱们掌握的武装太少，东征不切实际，很有可能反被‘讨’。”

坐在一边的李维汉和张太雷也表示认同。周恩来又说道：“还有一个提议就是南下广东，回到广东重振旗鼓。”

南下广东这个提议不是现在才提出的，在“四一二”反革命政变爆发的时候，张国焘就曾提出过。所以，听到这个提议，张国焘第一个表示支持。广东的革命基础好，地理位置也有利于取得国际援助，是目前建立革命根据地最理想的地方，周恩来等人也认为南下广东是目前最理想的决定。

除此之外，中共做出南下广东的决定还有一个原因，那就是可以联合国民党内张发奎的部队。张发奎在第一次北伐的时候曾任第四军军长，叶挺独立团就隶属于他的部队。第二次北伐中，张发奎又升至第二方面军总指挥，手中掌握大批武装力量。最难得的是，张发奎是国民党中的左派名将，与共产党的关系一直不错，在“七一五”政变爆发后，他也未对军中的共产党人动手，反而接收了许多被遣散的共产党人。对于张发奎，中共一向是信任的，再加上中共武装力量薄弱，单独回到广东危险很大。为今之计，只有将国民党中央军事政治学校学员大队和湖南平江、浏阳的工农义勇队等集中到第二方面军中，与中共在第二方面军中所掌握的部队一起，和张发奎共同南下广东，建

◎张发奎

立革命根据地，以图东山再起。这就是“依张回粤”的主张。

面对中共抛出的橄榄枝，张发奎犹豫不决。他虽然看不上蒋介石反共、破坏大革命的做法，对汪精卫也没有太多好感，但是此时的共产党更是个烫手山芋，接下来很有可能引火烧身。他不敢轻易对共产党表示什么，只能暧昧迂回，静观其变。

共产党经过与张发奎的多次交涉，发现张发奎的态度很暧昧。与此同时汪精卫也在拉拢张发奎，张发奎的态度愈加摇摆不定。共产党开始质疑“依张回粤”的可行性。对于当时势单力薄的中共来说，可供选择的道路实在太少了。最终，中共中央也只能指示在第二方面军的共产党员，“如果张发奎能够不拥护汪精卫，则我们可以与他合作回粤，否则实行脱离关系”。

此时，对于共产党来说，一切都是未知数。

“小划子”会议与九江定策

中国共产党虽然遭受了重大损失，党员数量减少至一万多人，张发奎方面的态度又暧昧不明，但共产党人从未放弃希望。中国共产党经过东征、北伐，取得了创建军队、开展革命战争和组织民众进行革命斗争的初步经验，培养了一批既能带兵打仗，又会做政治工作，懂得如何发动和组织领导群众开展革命斗争的骨干人才，并且掌握了叶挺独立团等革命武装。

虽然张发奎始终不明确表态，但中共的“依张回粤”行动仍在稳步进行。第二方面军部分军队已陆续集结于江西九江地区。李立三、邓中夏、谭平山、恽代英等人也前往九江，与抵达九江的第十一军副军长兼第二十四师师长、共产党员叶挺一起执行“依张回粤”的行动。当时，中共已经提出南昌起义的计划。此次共产党聚集于九江，也是为南昌起义计划的实施而来。

令人失望是，张发奎在汪精卫的拉拢下，已经开始秘密准备在部队中“清党”，并企图解除叶挺、贺龙等明显倾向共产党的将领的兵权。中共对于此情况并不了解，虽然一直担忧张发奎的暧昧态度，却没有想到他会如此迅速的转向汪精卫。

中共领导人以及部分部队齐聚于九江，引起了汪精卫的注意。汪精卫仿佛看到了在平静江面下的暗流，他还没有忘记之前罗易曾给他看过的那份可怕的电报。他想，共产党这颗定时炸弹是不是就要爆炸了？这个念头一经出现，汪精卫立刻坐立不安，连夜找来他的新盟友张发奎以及自己的几个心腹，将自己心中的担忧说了出来。

几个人听后表情都很凝重，屋内的气氛有些压抑。张发奎率先开口打破了沉默，说道：“其实不管共产党打的什么主意，要铲除他们很容易。只要想方设法限制住贺龙和叶挺，那么共产党就像是没了翅膀的老鹰，眼神再凶也只能原地扑腾了。”

在场几个人听了张发奎的建议，都表示赞同。最终，几个人密谋以张发奎的名义，邀贺龙、叶挺上庐山开会，届时予以扣留。同时命令贺龙、叶挺部队到九江、南昌之间的德安一带集结，然后以三个军的兵力，包围贺、叶部队，将共产党的主力部队一网打尽。就在汪精卫等人为自己的完美计划沾沾自喜的时候，一个令他们万万没有想到的人将这个计划透露给了共产党。这个人就是叶剑英。

叶剑英当时是国民党内著名将领，北伐战争时期曾先后担任国民革命军第一军总预备队指挥部参谋、国民革命军新编第二师师长。叶剑英虽然是国民党的将领，但自从接触了马克思列宁主义，又在北伐战争中与共产党共事后，他不由得对共产党心生向往。他

◎青年时的叶剑英

认为，比起只顾享乐，留有旧军阀习气国民党，共产党是一个革命性更强，可以给中国人民带来新生活、创造新天地的政党。所以，当蒋介石发动“四一二”反革命政变后，叶剑英毅然通电反蒋，奔赴武汉，任国民革命军第四军参谋长。

1927 年的 7 月，国内白色恐怖进入了最为严重的时期。许多意志不坚定的共产党员纷纷退党，背叛共产主义。叶剑英，这个有着高官厚禄的国民党军人，却在这时毅然决然地加入了中国共产党。根据当时局势的考虑，叶剑英入党是秘密进行的，不仅国民党内没有人知晓，就连共产党内也没有几个人知道。

这一日，天空晴朗，微风拂过，在甘棠湖上留下粼粼波光。偶尔有些游人，会因这晴好的天气和优美的景色而迷醉，泛舟湖上，享受这乱世中的片刻宁静。此时，叶剑英也脱下军装，换上便服，邀了几个朋友，乘着小船惬意地“游湖”。

船上有个小茶桌，叶剑英拿起桌上茶壶，亲自替身边的几个人斟满了茶。其中一个人，端起茶杯喝了一口，开口说道：“真没想到你是共产党。”

说话的这个人是贺龙，此时他满脸笑容地喝着茶水，声音里都是掩藏不住的笑意。贺龙身边的叶挺也受到感染，哈哈笑着说：“你可真是隐藏得好啊！不过我佩服你，在大家都急着退党的时候加入，佩服！”

叶剑英被他俩说得有些不好意思，连忙摆手。

原来，叶剑英为了不让共产党武装力量受到损害，特意秘密将叶挺、贺龙以及国民军第四军的政治部主任廖乾吾和高语罕等约到甘棠湖，用游船做掩护，传递情报。当然，叶剑英也因此向他们袒露了自己共产党员的身份。

叶挺、贺龙等人听叶剑英讲了汪精卫和张发奎的计划后，气愤不已。贺龙说："真是太危险了！没想到张发奎这么快就倒向了汪精卫，要不是你告诉我们，估计明天我就着了他们的道。"

叶剑英点点头，说道："张发奎是不能拉拢了。下了这船，你们很可能立刻就会收到让你们上庐山或是调动军队的命令，你们要谨慎行事。"

叶挺拍了拍叶剑英的肩，向他保证道："不管张发奎要选哪边，我们是坚决要去南昌的。我今天就带着我的部队出发去南昌。"

"对对，回去就行动"，贺龙应和道："面对敌情，就要迅速做出反应，事事都要赶在前面，让敌人措手不及！"

经过一番商定，几人决定立即调动贺龙、叶挺的部队前往南昌。

◎甘棠湖今貌

为了不引起注意，叶挺的部队先行离开，贺龙部队随后。廖乾吾、高语罕也表示同意。

这之后，张发奎曾数次发电催贺龙和叶挺上庐山开会。他二人采取不理会的态度，将张发奎的命令拒绝到底。当汪精卫想要调动叶、贺部队时，却发现他二人的部队早已经离开了驻地，汪精卫顿时气得暴跳如雷。

甘棠湖上的这次会议，史称“小划子”会议。它对保证起义领导人的安全和调动起义的主力部队及时开往南昌，起到了重要作用。

1927 年 7 月 20 日，谭平山、李立三、邓中夏、叶挺、聂荣臻五人在九江海关的一栋楼房内召开会议。会议主要是根据局势变化，研究如何执行中央的指示。邓中夏说：“张发奎是靠不住了，依靠张发奎回广东的可能性不大。”

其他人也是这样认为的。大家认为，目前中共还是应该依靠自己拥有的军事力量采取独立的军事行动，也就是进行南昌起义。此前，共产党虽然已经开始为南昌起义做准备，但并没有向党中央提出正式的讨论提议。此时，在国内局势愈加紧迫的情况下，李立三、叶挺等人认为应该尽快确定南昌起义的具体日期。

李立三是个急性子，他主张不向中央请示，直接动手。聂荣臻对此表示反对，他说：“我认为还是应该向中央请示，等待正式起义命令。”

◎李立三

听了这话，李立三的急躁脾气显露无余，气愤地指责聂荣臻说：“你这是奴隶主义！胆小怕事，怎么干革命，搞暴动?”

聂荣臻受到这样的指责也很气愤，嗓门不知不觉变大了，冲李立三怒声反驳道：“我来九江之前，周恩来同志特意嘱咐一定要等中央的

命令！”

最终，李立三还是稳住了自己急躁的性子，会后正式向中央提出了集中党所掌握和影响的所有部队在南昌举行起义的提议案。这个提议在 7 月 24 日获得批准，并决定由周恩来、李立三、恽代英、澎湃组成中共中央前敌委员会，周恩来任书记，领导南昌起义。

当时中共掌握的部队主要有：在叶挺独立团基础上扩编组成的第十一军第二十四师，第四军第二十五师第七十三、七十五团和第十师第三十团，第二方面军总指挥部警卫团，国民党中央军事政治学校学员队。此外，贺龙率领的第二十军也与共产党保持着密切联系。湖南平阳、浏阳等县部分农民自卫军也组成了工农义勇队，成为共产党的又一支武装力量。

这些部队虽然说不上多么庞大，但都是南昌起义的有生力量，是中国共产党建军的基础。此时，他们也许只是一粒粒播撒在大地上的种子，看起来散乱无章，不成气候。但终有一天，他们会成长为参天大树，傲然屹立在中华大地上。

军旗从这里升起

1927 年 7 月 30 日，南昌闷热异常。一个穿着长衫的男人，下了火车后，神色匆匆地穿过人群，甚至连脸上的汗迹都来不及擦去。这个人就是张国焘，他此时带着共产国际的新指示，准备传达给南昌的周恩来等人。

很快，张国焘就与南昌当地的共产党组织取得联系，并将周恩来、李立三、澎湃、恽代英、谭平山、周逸群等人召集到一起，举行了一个紧急会议。当时正是南昌起义爆发的前夕，筹备工作正处于最紧张的阶段，周恩来等人整日忙得不可开交。此时召开紧急会议，大家都有些心不在焉，谁也没有注意到张国焘眉宇间凝重的神色。张国焘开口说道："我这次来，就是替共产国际传达意见，和大家重新讨论暴动是否还要举行的问题。"

张国焘话声一落，与会的几个人都震惊地看向张国焘。南昌暴动的相关事宜已经筹备数日，箭已在弦上，此时竟说要重新商讨，这对周恩来等人来说犹如晴天霹雳。李立三最先沉不住气，问道："重新商讨？这是国际的意思？"

张国焘点点头，李立三的火气一下子上来了，大声说道："哈哈，共产国际说话真是轻巧。这都什么时候了，还让重新商讨？我们把兵都调来了！"

李立三虽然说话有些冲，但的确是实话。当时叶挺、贺龙的部队已经先后到达了南昌，朱德也赶到了。除此之外，暴动的消息与前几天相比，已经被更多人知晓，如果不尽快暴动，这些消息很快就会传到汪精卫或者蒋介石的耳朵里。那时，暴动就会处于被动状态，对整个形势极为不利。

周恩来开口说道："现在停止暴动是不可能的，有些地区已经开始为暴动运作，我们无法及时通知他们停止暴动。到时候，有的暴动有的没有，只会造成更大且无谓的牺牲。"

张国焘沉思了许久，叹了一口气，说道："好吧，我代表我个人同意这次起义。共产国际方面，由我来出面解释。"

既然张国焘不再反对暴动，南昌起义的各项工作继续进行。最初，前敌委员会的几位成员准备在 7 月 31 日清晨，以张发奎的名义发动起义。虽然有些共产党人对以国民党的名义起义有些微词，但为了最大可能地联合国民党左派，这也是无可奈何的事情。不过，张国焘提出，要为其他地区的共产党员安全着想，起义应推迟一天，为他们多留出一天的时间转移。这个提议被采纳，最后的起义时间确定为 8 月 1 日凌晨三点。

◎南昌起义总指挥部——江西大旅社旧址

南昌中山路上有一座四层的小洋楼，可以说是当时南昌市最有名的一座洋楼。当地百姓不知道的是，这座洋楼，正是即将要爆发的起义总指挥部。

7 月 31 日这天，总指挥部异常忙碌。周恩来楼上楼下，忙前忙后做起义前的最后部署。就在他忙得不可开交的时候，一个警卫员送来一封信。周恩来看过后，立刻召集李立三、张国焘等前委成员召开了一个紧急会议。原来，信中报告说二十军有个姓赵的军官私自溜到敌人指挥营去了，大概是叛变了。这个情况非常危急，敌人很可能已经知晓了暴动计划。经过一番商议，大家决定起义提前两小时，于 8 月 1 日凌晨开始。

8 月 1 日凌晨，南昌城万籁俱静，偶有几声虫鸣为夏夜点缀出一丝生机。对于驻守南昌城的国民党军官朱培德来说，这看似平凡的夜晚，

◎油画:《南昌起义》

更像是暴风雨前的平静。朱培德已经提前得到密报，悄悄做好了应对暴动的准备。

脖子上系着红领带，左臂扎着白毛巾的起义军，悄悄开始了行动。不知是从哪一方向最先传来“砰”的一声枪响，清晰可辨。随后，电光火石之间，在这第一声枪响的引领下，南昌城如疾风骤雨一般枪声四起，炮声不断。

这场战斗异常激烈。起义军分为多股向驻守在南昌城的敌人发起进攻。教导队队长陈守礼负责带领十几个学员与七十二团的部分军官看守团部。起义打响没多久，一个团的敌人蜂拥而至，双方展开激烈交战。教导队中的学员都是第一次上战场，见到这激烈的战斗惊吓得站在原地动也不动，有的甚至要扔了枪逃跑。陈守礼端起手中的枪，拦住要逃跑的学员，大声对他们吼道：“我们奋斗这么久是为什么？

难道你们要在战场上做懦夫吗?”

十几个学员第一次见到这么严厉的队长，怔了片刻后，大家纷纷端起枪，在陈守礼的带领下向敌人发起猛烈地反击。敌人人数众多，一波一波地向陈守礼等人发起进攻。陈守礼一边指导学员，一边向冲上来的敌人射击。忽然，一发子弹打中了正在掩护学员的陈守礼，他的腹部血如泉涌。陈守礼身边的学员大声叫道：“队长!”陈守礼下意识地看向学员，却没有力气回应，身体慢慢倒了下去，再也没能站起来。

在南昌城的另一边，叶挺第二十四师七十一团第三营用夜色做掩护，潜伏在天主堂附近。他们本打算向驻守在天主堂的敌人发起突袭，谁知突袭命令还没下达，远处就传来了枪声，应该是别处的战斗已经打响。营长黄序周暗叫一声“糟糕”，此时再不发起进攻，主动就要变成被动。黄序周向全营下达了作战口令。三营的战士们听闻口令，纷纷从草丛中一跃而起，向天主堂冲去。听到枪声进入备战状态的敌人，见到三营战士冲过来，连忙集中火力进行阻击。“突突突”一通扫射，三营战士倒下了十几个。黄序周见敌人火力如此猛烈，硬攻只会损兵折将，连忙让战士撤回到安全地带。

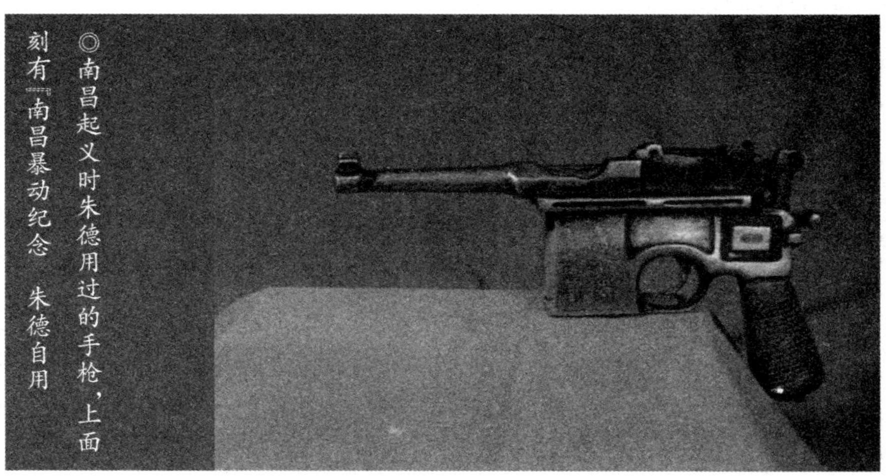

◎南昌起义时朱德用过的手枪，上面刻有“南昌暴动纪念　朱德自用”

黄序周将情况汇报给团长欧震，欧震仔细研究了一下地图，说道："现在只有派出一组先遣队，顶着火力从正面攻过去，打开天主堂大门。与此同时，再派出另一队人从侧后爬墙进去偷袭。形成两面夹击的形势。"

黄序周听了团长的吩咐后，立即展开部署。他亲自率领几十个人组成一支先遣队向天主堂的大门发起冲锋。先遣队的战士在黄序周的带领下，冒着枪林弹雨，一边躲闪一边向前突进，很快来到了大门不远处。黄序周拿出手榴弹，瞄准大门，连续扔了三个过去，只听"轰轰轰"三声，大门被炸开了。敌人一见大门被炸，立即想要调集所有兵力对黄序周等人发起猛烈攻击。然而，敌人身后也响起了爆炸声——从后墙潜入偷袭的分队赶到了！天主堂的敌人腹背受敌，无法招架，很快便弃械投降了。

枪声唤醒了南昌城，鲜血染红了南昌城。当黎明来临，8 月 1 日的红日从东方升起时，起义获得了胜利。整个南昌城沸腾了，到处充满了喜庆的欢呼和喧天的锣鼓。

沉浸在胜利喜悦中的共产党人并不知道，这次起义之后会经历怎样坎坷的建军之路，更不知道，这次起义对共产党，甚至是全中国有着怎样深远的影响。

南昌起义打响了武装反抗国民党反动统治的第一枪，宣告了中国共产党把中国革命进行到底的坚定立场，标志着人民军队的诞生。光辉的 8 月 1 日，后来被确定为人民军队的建军节。

南昌起义结束后，起义军仓促南下，一路上困难重重，遭遇多次危机，但起义部队始终没有被打退、消灭。朱德、陈毅、叶挺等人坚守信念，带领起义军余部摆脱一个个困境，保存了一批经受过严峻考验、具有坚定革命意志的骨干力量，并最终成为中国共产党建军的中坚力量。

◎南昌起义纪念碑

南昌起义后的困境

8 月 1 日，南昌起义胜利后，中国共产党前敌委员会按照中共中央关于这次起义仍沿用国民党左派名义号召革命的指示精神，发表了《国民党左派中央委员宣言》。宣言揭露了蒋介石、汪精卫背叛革命的种种罪行，表达了拥护孙中山“三大政策”和继续反对帝国主义、封建军阀的斗争决心。同时，中共召开了有国民党中央委员、各省区特别市和海外党部代表参加的联席会议，成立了中国国民党革命委员会，推举邓演达、宋庆龄、何香凝、谭平山、吴玉章、贺龙、林伯渠、叶挺、周恩来、张国焘、李立三、恽代英、徐特立、彭湃、郭沫若等二十五人为委员，并推选其中的宋庆龄、邓演达、谭平山、张发奎、贺龙、郭沫若、恽代英七人组成革命委员会主席团。

当时，共产党的考虑还不够周详，对发展形势的认识不够透彻，希望利用国民党左派中的代表人士号召全国，获得更多国民党左派的支持。在七人主席团中加入张发奎的名字，就是出于这个考虑。事实证明，这种打算是不切实际的。南昌起义爆发后，国民党上下惊恐万分，一直争斗不断的蒋介石与汪精卫也开始暂时休战，准备联合起来对付共产党。汪精卫在南昌起义结束后没多久，便急令张发奎、朱培德、钱大钧率兵五万余人，疯狂扑向南昌。

经过 8 月 1 日凌晨的一战，中共领导的起义军兵力有了一定的减员，比如朱德所率的第三军军官教导团战后只剩下一百多人。即使周士第在第二天带着近一个师的兵力赶到了南昌，起义军的总兵力也不过二万二千人左右，想要抵挡国民党五万大军是不可能的。

共产党对目前的严峻形势是有所察觉的。8 月 1 日当天下午，周恩来在江西大旅社起义军总指挥部里，召开了参谋团会议，讨论起义军何去何从。虽说是讨论，但摆在共产党面前可供选择的道路并不多。周恩来等人是在起义前就已经有了些打算，即联合国民党左派，把能够掌握和联合的军队拉到广东，再建根据地，实行“二次北伐”。这个提议也许并不完全正确，却是当时共产党所能想到的最稳妥的道路。

随后，会议确定了进军广东的路线：经临川、会昌、寻邬进入嘉应州地区。进军路线确定后，起义军于 8 月 3 日陆续从南昌离开，向潮汕进发。

盛夏时节，骄阳似火，这真不是一个行军的好季节。为了尽快甩开汪精卫派往南昌的五万追兵，共产党也只好率军艰难远行。屋漏偏逢连夜雨，由于撤退仓促，起义军未进行整顿，加之打着国民党的旗号，政治宣传也无法有效地进行。炎炎烈日下，起义军队伍逐渐失去了当初北伐战争中的士气，战士们机械而茫然地走在行军路上。

较之普通士兵的茫然，周恩来等前敌委员会的成员则是多了一份忧虑。自从开始行军，他们就认识到这支队伍所面临的困境是前所未有的。偌大的中国仿佛已经没有了共产党可以容身的地方，除了不停的向南行进，再也没有其他道路可以选择。

随着行军时间的流逝，起义军中的不稳定因素终于暴露出来了。8月5日，部队行进至进贤县城时，率领第十师的蔡廷锴坐不住了，打算与共产党分道扬镳。蔡廷锴并不是共产党人，当初加入起义队伍也是因为叶挺的关系，对跟随共产党南下广东建立革命根据地的兴趣不大，此时见共产党前路渺茫，就更加不愿意跟随共产党走下去了。

当部队进入进贤县城后，蔡廷锴让特务营布置好师部的警戒，下令共产党员最多的第三十团官兵架枪休息，然后命令全体长官来师部听候训话。三十团团长范荩和团内的营长、连长等军官来到戒备森严的师部。一进师部，范荩等人就感觉到了气氛中的不安。不出所料，蔡廷锴一张口就直奔“分家”主题，说道：“我本人对共产党人的作为很是钦佩，但毕竟道不同不相为谋，还是在此分手的好。你们不能在三十团呆了，不过我不会伤害大家，各位的薪饷都会按数发放，并且会护送几位安全离开。”

听了这话，范荩气得牙痒痒，但是师部周围布满警戒，也只能被迫接受。由于当时军队缺乏政治教育，所以士兵对于谁当领导并不在意，听上面指挥就行了。这样，蔡廷锴当天就带着第十师的五千多人偷偷脱离了起义军，给共产党造成了极大损失。

蔡廷锴的离开，可以说是雪上加霜。一日暴雨过后，起义军在路边休息。周恩来坐在路边的一块石头上，看着泥泞的道路，看着被雨水淋湿的官兵，眉头紧紧地锁着。这一路，周恩来一直在总结自己的错误：起义太草率、撤退太仓促，甚至连一直最重视的政治工作也忽视了。周恩来低下头，陷入深深地自责之中。

看着如此沮丧的周恩来，李立三心中也不好受。他走过去，坐到周恩来身边。经过刚才大雨的冲刷，大家浑身都湿透了，裤脚上都是泥巴。李立三抖了抖裤脚，故作轻松地对周恩来说："大家好久没洗澡了，老天爷这是让咱们免费洗个澡。"

周恩来抬起头看向李立三，对他苦中作乐的幽默报以一个淡淡的笑容。李立三也尴尬地笑了笑，两人都没有再说话。此时，对于周恩来等人来说，说什么都是多余的，困境就赤裸裸地摆在他们面前。蔡廷锴的离开不是一个突发事件，而是一个必然结果。这只是给了他们敲响了一个警钟，真正值得他们担忧的是尚在行军的这支队伍。

起义军如此糟糕的行军状况是共产党没有预料到的。由于国民党的筹划宣传，沿途百姓视起义军如洪水猛兽，避之唯恐不及，更别提为起义军提供住宿和补给了。行军不出五日，起义队伍就出现了士兵偷偷溜走的现象。渐渐的，越来越多的士兵开始丢弃装备。一开始还只是丢弃子弹、火炮零件这些琐碎的物件，后来甚至发展到丢弃整门迫击炮和山炮。

乌云渐渐散去，天空展露出明亮的蓝。太阳高悬于空中，炙热的阳光重新普照大地，世界再次变得晴朗起来。但是，迷茫的共产党人心中却依旧布满乌云。望着漫长的道路，他们不知道等待在前方的是什么。也许只有心中的信仰依旧清晰：不管前面的道路如何崎岖，他们依旧要扛起军旗，继续踏上征程。

南昌起义打响了武装反抗国民党反动派的第一枪，宣告了中国共产党人把中国革命进行到底的坚强决心，标志着中国共产党独立地领导革命战争、创建人民军队和武装夺取政权的开始。1933 年 7 月，中华苏维埃共和国临时中央政府决定，每年"八一"为中国工农红军纪念日，8 月 1 日从此成为中国人民解放的建军节。1949 年 6 月 15 日，中国人民革命军事委员会决定，以"八一"两字作为中国人民解放军军旗和军徽的主要标志。

第三章

星火不灭，井冈燎原

毛泽东曾说：“中国共产党和中国人民并没有被吓倒，被征服，被杀绝。他们从地下爬起来，揩干净身上的血迹，掩埋好同伴的尸首，他们又继续战斗了。”南昌起义的失败，并没有让共产党及其武装力量消失于中华大地。相反，这支部队犹如一簇顽强的火苗，顶住狂风骤雨，最终从井冈山上燃起燎原之势……

“枪杆子里面出政权”

南昌起义爆发后，中国的白色恐怖更加严重。国民党满城搜捕、通缉共产党人，向百姓进行丑化共产党的宣传，弄得满城风雨，人心惶惶。在这种形势下，潜伏在全国各地的共产党人的境况都非常危险。

1927 年 8 月 7 日，湖北省武汉市汉口鄱阳街上的一座二层小楼中，云集了一批让国民党头疼不已的人物。毛泽东一个人坐在临窗的位置抽着烟，看着楼下熙熙攘攘的街道，一直没有与其他人说话。屋里还有三个外国人，其中一个就是共产国际代表罗米那兹，另外两位也是来自共产国际的同志。这三个人聚在一起，像往常一样，板着一张脸，

◎八七会议会址——汉口市原三教街41号(现鄱阳街139号)

聚在一起用俄语交谈着。蔡和森不喜欢这些说着俄语，总是一脸不高兴的“代表”们。他走到窗边，坐到了毛泽东的边上，说道：“今天与会的只来了一半人。现在查得很严，许多同志根本买不到火车票。”

毛泽东将视线从窗外收回来，说：“是啊，时局一天比一天紧张了。”话音未落，负责主持会议的李维汉从楼下走了上来。毛泽东掐灭了手中的烟，会议就要开始了。

由于时局紧张，交通不便，参加这次会议的只有中央委员：李维汉、瞿秋白、张太雷、邓中夏、任弼时、苏兆征、顾顺章、罗亦农、陈乔年、蔡和森；候补中央委员：李震瀛、陆沉、毛泽东；中央监察委员有：杨匏安、王荷波；共青团代表：李子芬、杨善南、陆定一，湖南省委代表彭公达，湖北省委代表郑超麟，中央军委代表王一飞，中央秘书长邓小平等二十二人。

李维汉脸色有些苍白，眉宇间有掩饰不住的疲惫，他已经连续工

作几天没有休息了。他先向与会的同志大致介绍了时局的紧迫以及会议的大概议程。接下来是由几名同志分别做报告。第一个做报告的是共产国际代表罗米那兹，他在报告中指出了召开这次中央紧急会议的重要性和迫切性，以及这次会议所需要解决的问题。他认为，只有无产阶级才能领导中国革命，八一南昌起义，是中国革命的一个坚决的转机。他还批评了中国共产党领导人在统一战线中放弃党的领导权的错误。但是，他同时又认为现在不应该退出国民党，与国民党决裂。

罗米那兹发言结束后，大家开始展开讨论。大家都都认为在国共合作中，党内忽视了广大工农群众，使党失去了群众基础。针对党内领导出现的右倾机会主义错误，邓中夏率先发表看法，他说："机会主义不是一时存在的，而是很早就有了，只不过现在阶级矛盾加剧，问题就暴露出来了。"

坐在邓中夏一边的罗亦农点点头，表示认同，说道："五大以前，党对大资产阶级估量太高。五大时又对小资产阶级估量太高，这也就造成对国民党的估量太高，从而造成了今日之局面。"

当谈到农民与土地的问题时，大家让毛泽东率先发言。因为毛泽东在农民运动方面一向表现突出，非常有心得，大家都想听听他的看法。毛泽东也不客气，他说："农民要革命，接近农民的党也要革命，但上层的党部却不要。"

说到这里，一直支持毛泽东主张的蔡和森也说道："当初五大说要土地革命，并制定出一个很好的决议。可谁知，会一开完，中央非但不实行，反而采取压制农民运动的态度。"

与会的其他几人也纷纷表示赞同。毛泽东继续说道："还有中央对军事的态度是不对的。蒋介石、唐生智为什么会壮大得如此迅速？是靠军队！蒋介石做了黄埔军校的校长，拉拢了众多优秀军人，他才能即使背叛了革命还能雄踞一方。党应当把武装斗争作为革命斗争的主要形式，政权是由枪杆子中取得的！"

毛泽东讲完后，会场陷入了沉默。毛泽东也不急，坐在自己的位子上喝了一口茶，继续看手中的材料。过了一会儿，还是蔡和森打破沉默，开口说道："我同意毛泽东同志的观点。"随后，在场其他同志也纷纷表示赞同。

会议进一步检讨了大革命后期以陈独秀为首的党中央所犯的右倾机会主义错误，选举组成以瞿秋白为首的新的中央临时机构，通过了《中国共产党中央执行委员会告全党党员书》等重要文件，确定了实行土地革命和武装起义的方针，号召全党以武装斗争反抗国民党反动派的屠杀政策。

为了不让国民党反动派察觉到行踪，此次会议只召开了一天就结束了。这次紧急会议也就中国共产党历史上有着重大转折意义的八七会议。八七会议后，中共中央明确提出："革命战争，必须要创建新的革命军队"；"创造新的革命军队，不要有雇佣的性质，而要开始于志愿兵的征调，渐进于义务的征兵制，建立工农的革命军"；新的革命军队中，"要有极广泛的政治工作及党代表制度，强固的本党兵士支部，要有靠得住的忠实于革命的军官"，"这是现时革命运动中最重要

◎八七会议旧址

的任务之一”。

毛泽东等人在八七会议上提出的重视军事的意见也成为党中央今后工作的重要任务之一，确定土地革命和武装起义为重要方针，并决定建立新的革命军队。毛泽东在会上提出的“枪杆子里面出政权”，后来成为党创建、领导和掌握人民武装并进行斗争的行动口号。在响亮的武装斗争口号的号召下，各地共产党组织领导工农群众和部分革命军队相继举行武装起义，在斗争中展开了创建人民军队的伟大实践。

秋收起义，剑指井冈

秋收起义的计划虽然是在南昌起义前提出的，但正式得到确定是在 1927 年 8 月 3 日。中共中央颁布《关于湘鄂粤赣四省农民秋收暴动大纲》，正式决定在工农运动基础较好的湖南、湖北、广东、江西四省发动秋收起义，开展土地革命。

八七会议后，毛泽东以中央特派员的身份前去湖南长沙组织发动湖南暴动。8 月 18 日，毛泽东刚到达长沙不久，就立刻召开会议。会上，毛泽东指出：秋收起义的发展是要夺取政权，解决农民土地问题。湖南省委的一个委员问道：“怎么夺取政权？号召农民朋友站出来斗争?”

毛泽东进一步解释道：“单靠农民的力量是不行的，必须有一个军事的帮助。”

话音一落，会上的众人都陷入了沉思。毛泽东的意思大家都懂，也觉得正确，但是当时湖南多数地区不具备毛泽东所说的条件，“军事的帮助”实在是个难题。

毛泽东本人对于湖南地区的情况也极为清楚，理解大家心中的担忧。他认为即使有困难也要想方设法地克服，现在的处境已经没有机会让共产党人再次退缩了。毛泽东继续说道："党从前忽略了军事，所以吃了大亏。现在应以百分之六十的精力注意军事运动，实行在枪杆上夺取政权，建设政权。"

与会同志在毛泽东坚定的态度下，体会到"枪杆子上夺政权"的重要性。经过一番讨论，大家从自身的实力出发，准备先夺取国民党反动派防守最为薄弱的长沙，再组织领导湖南全省的秋收起义。同时，有人还提出：国民党已经背叛革命，成为新军阀争权夺利和欺压民众的工具，起义不应再打国民党的旗帜，而必须公开打出共产党的旗帜。大家对此观点表示赞同。

然而，秋收起义的计划实行起来却并不顺利。8 月下旬，长沙的白色恐怖日趋严重。城内四处都是国民党反动派团防局的人，见到陌生人就上前盘问。这些人多是招募来的地痞流氓，经常乱抓人敲诈钱财。在这种情况下，共产党很难组织起义军队。

幸运的是，中国共产党所掌握的国民革命军第二方面军总指挥部警卫团和平浏工农义勇队因未赶上参加南昌起义退至赣西西北修水、铜鼓地区，安源也已经组织了部分工农武装。据此，湖南省委决定集中力量，首先在以长沙为中心，包括湘潭、宁乡、醴陵、岳阳、浏阳、平江和江西安源在内的七个县镇发动起义。很快，中共湖南省委前敌委员会和行动委员会成立了，毛泽东任前委书记，易礼容任行委书记，以中国共产党的名义领导起义。

9 月初，毛泽东先后赶往安源和铜鼓召开秋收起义军事准备会议。会上，毛泽东向两地的县委和武装部队传达了八七会议精神，以及中央对湖南秋收起义的指示和省委的起义计划。毛泽东宣布将湘赣边界武装力量统一组成工农革命军第一师，正式组成以各路负责人为委员、毛泽东本人任书记的中共湖南省委前敌委员会，统一领导起义行动。随后，前委又任命原警卫团团长卢德铭为工农革命军总指挥。

9 月 8 日，中共湖南省委发布了《关于夺取长沙的命令》，要求

“各地赶紧动员，限于阳历 9 月 16 日会师长沙，夺取省城，建立中国革命委员会湖南分会”。

第二日，长沙市郊部分农军和铁路工人为了响应湖南省委的命令，破坏了长沙至岳阳、长沙至株洲两段铁路，切断了国民党军的交通运输。由此，一场以武装斗争为主要形式，以工农革命军为主要力量，由中国共产党独立领导的、有广大人民群众参加的大规模军事行动，在湘赣边界拉开了序幕。

9 月 11 日，湘赣边界秋收起义按计划爆发。但是，由于各个团的军官下达命令不及时，甚至有许多去向不明，导致工农革命军各团在向长沙推进时情况百出，进军形势非常糟糕，事先定好的起义计划无法有效实行。毛泽东见此情形，当机立断，命令各部立即撤出战斗，转到浏阳文家市集中。9 月 19 日，各路起义部队到达湖南省浏阳县文家市。当晚，前敌委员会召开了会议，根据实际情况改变了攻打长沙的计划，决定保存实力，前往敌人统治力量薄弱的农村坚持武装斗争，发展革命力量。

9 月 24 日，工农革命军起程南下。第二天，部队在江西萍乡芦溪遭到国民党军袭击，革命军受到严重打击，总指挥卢德铭牺牲。当工农革命军于 29 日到达永新三湾村的时候，全军已经不足千人。

秋收起义进军计划的失败给工农革命军造成了极大的打击，军中人心涣散，部队内官多兵少，管理混乱，各种新旧问题通通暴露出来。毛泽东将这一切看在了眼里，决定在三湾主持召开前敌委员会会议，对部队进行整顿和改编。

这次改编被称为三湾改编，是中国共产党建设新型人民军队的重要开端。

考虑到减员严重，改编的第一步就是将部队缩编，允许不愿留下的官兵离队，将原工农革命军第一军第一师缩编为工农革命军第一军第一师第一团。全团缩编为七个连，五百多支枪。这支队伍虽不庞大，

◎秋收起义纪念碑

但留下来的人对革命的信念却最为坚定，整个队伍更加纯洁、稳定。

与此同时，毛泽东针对共产党对部队的领导，制定了“支部建在连上”的制度：在连队设党支部，在优秀士兵中发展党员，在班排设党小组，在连以上设党代表并担任党支部书记。这就在部队内建起严整的党组织体系，为党全面建设和掌握部队提供了可靠组织保证，促进了党员先锋模范作用的发挥，增强了部队的凝聚力。这之后，“支部建在连上”又不断得到完善，1929 年古田会议时被确定为建军的基本原则和制度，并延续至今。

“支部建在连上”的效果非常明显，部队内管理混乱的情况明显得到改善，上级传达命令，下级实行的效率也大大提高。不过，部队中还有一个极为严重的问题，那就是旧军阀习气。毛泽东有时下连队视察情况，就会看到有些军官对手下的士兵任意辱骂，将士兵视为下等

◎三湾改编纪念馆新址

人。毛泽东每见到这种情况都要上前制止，进行教育。这种情况并不是秋收起义才开始有的，而是从北伐战争时就一直存在。当时国民革命军没有完全摆脱旧军队的习气，军官享有特权，这也就致使一些军官自视甚高，对士兵不够尊重，甚至任意殴打辱骂，极为影响部队团结。毛泽东早就对这种旧军队习气极为不满。此时，共产党已经独立掌握军队，就一定要把这种不平等的习气改掉。

毛泽东与其他前委委员经过一番商讨，制定了官兵平等的民主制度。在部队中取消军官的特权，规定官长不许打骂士兵，官兵在政治上平等。连以上各级建立由士兵代表组成的士兵委员会，参加部队的行政管理和经济管理，并有监督军官之权。这种官兵平等的民主制度的建立，确立了官兵同为阶级兄弟的新型关系，有效地巩固了部队，提高了战斗力。

10 月中旬，工农革命军已经南下到达湖南酃县（今炎陵县）。在

◎三湾改编浮雕

此，前委得知朱德率领的南昌起义军已退至赣西南大庾。鉴于此时湘南的敌情也极为严重，前委决定放弃转进湘南的计划，改为向南昌起义军靠拢。

为了避免目标太大，引起敌人注意，前委决定分兵到茶陵、遂川地区一边筹资筹物，一边与起义军一部联系、靠拢。10月末，毛泽东带着团部、第三营行军到了江西遂川大汾。谁知，在这里竟遭到反动武装靖卫团的袭击。双方立刻展开交战，作战过程中，第三营失去联系。情急之下，毛泽东只好率团部上了井冈山。失去联系的第三营后来在南下途中与朱德所率南昌起义军余部取得了联系。

上了井冈山的毛泽东，没有急着离开。当时李宗仁集团和唐生智集团之间刚刚爆发战争，国民党军阀内部斗争混乱不堪，自顾不暇，无法投入所有精力对付共产党。毛泽东认为这是个休养生息、发展军队的好时机。于是，他率领工农革命军在井冈山地区打击地方反动武装，分兵发动群众，实行“工农武装割据”，以创建革命根据地，保存

和发展部队。

国民党对毛泽东率部上井冈山并不是毫不知情。他们认为这只是一群乌合之众上山做了土匪而已，根本成不了气候。比起对“乌合之众”的赶尽杀绝，他们更看重争权、争地盘的军阀内战。

就这样，在国民党军阀内斗不止的时候，毛泽东开始在井冈山上大刀阔斧地创建革命根据地。前委加强了干部队伍的建设，将三湾改编时提出的“支部建在连上”更加深入地完善和发展。同时，前委还改编了农民武装，将充满地方性、缺乏军人责任感、纪律性的农军进行教育、改造，成功将当地的袁文才、王佐的农军编入工农革命军，并在井冈山附近各县建立赤卫队。

1928 年 2 月 18 日，工农革命军取得第一次反“进剿”的胜利，解放了宁冈全境。随后，工农革命军占领遂川北部和永新、酃县、茶陵各一部，并在这些地区建立了共产党组织、工农兵政府和赤卫队、工会、农民协会等群众武装和组织。至此，井冈山革命根据地初步建立。

毛泽东所率领的工农革命军在井冈山地区一边休养生息，一边开展游击战争，为弱小的起义武装力量开辟了一条立足农村生存和发展的正确道路。之后，这支武装力量与朱德所率领的南昌起义余部成功会师，合编为工农革命军第四军，后改称红军第四军。这支部队是当时全国红军中人数最多、战斗力最强的一支部队。

广州起义

八七会议后，中共中央决定成立南方局，加强两广和闽南地区武装斗争的领导。张太雷被任命为中共广东省委书记，负责领导全省的武装起义。

自从“四一二”反革命政变后，广州一直笼罩在白色恐怖之下。

尤其在南昌起义爆发后，广州这座革命名城更是成为国民党反动派特别控制镇压的城市之一。昔日红火的革命斗争景象已不复存在，整座城市机械地运作着，失去了往日的生机。城中百姓人心惶惶，总怕不知哪天自己就要被逮捕枪杀；工厂的工人们生活在水深火热之中，基本利益不能得到保障，罢工屡屡遭到血腥镇压；国民党日日在城中宣传“反共”思想，共产党的工作只能转入地下艰难运作。

9 月中旬，南昌起义军入粤。这对于被白色恐怖压抑得透不过气的广东省委来说犹如一支强心剂，是难得的转机。起义军虽然在潮汕失利，但广东省委依然决定坚持发动广州起义。在 10 月 15 日召开的广东省委联席会议上决定，共产党领导的工农武装不再沿用“国民革命军”称号，改称“工农革命军”，废除青天白日旗，改用以镰刀斧头为标志的红旗。

负责这次武装起义的张太雷，对这次起义充满了信心。他与广州渊源甚深，领导过广州的工人罢工，在这里为革命做过许多工作。能在广州领导起义，对他来说意义重大。

这一日，靠近珠江河面的一艘小邮船里，聚集着几个人。这是艘邮局专用的邮船，船舱有些狭窄，那几个人也不在意这些，围着一个小桌子坐着，小声却热烈地讨论着什么。其中一个戴着眼镜的青年目光如炬，声音不大但却异常清晰。他对其他几人说道：“同志们，毛泽东同志在湘赣边界领导了秋收起义，打出了工农革命军的旗帜，这是我们自己的军队领导的一次起义！我们这些在广州的同志也不能落后啊！所以，广州的起义也要马上行动起来。”

说话的这个人就是张太雷。中共广东省委作出在广州发动武装起义的决定后，他便迅速召集了在广州各部的负责人在这艘小船上召开秘密会议。

为了不引起周围注意，船里的几个人都不敢大声说话。大家一听张太雷说起义，心中都激动不已，但又不能大声欢呼，只能压低声音

◎广州起义总指挥部——广州市公安局

不断念叨着："太好了！太好了！"声音因激动而有些颤抖。

张太雷看到大家如此支持起义，非常高兴，又继续说道："起义的具体时间还没有确定，这还要看大家的准备工作做得如何。"

随后，张太雷几人又就如何展开准备工作进行了细致地讨论。在中共广东省委的领导下，武装起义的各项准备工作迅速又紧张地展开了。

广州的工人阶级经历过省港大罢工和大革命运动的洗礼，觉悟高，基础好。在白色恐怖蔓延之前，广州各行各业，在东征和北伐中都发挥了极其重要的作用。李济深发动"四·一五"反革命政变后，工会和纠察队纷纷转入地下，后来统一整编为工人赤卫队。当时广州起义的主力除了南昌起义南下的军队外，就是这些工人赤卫队了。

工人赤卫队的成员革命热情很高，但毫无军事素养，许多人连枪都没碰过。省委考虑到这一点，特别派了一些军官到赤卫队中对工人

◎广州起义浮雕

进行秘密军事训练。说是军事训练，其实并没有条件进行真正的荷枪实弹的练习。当时枪弹急缺，大多赤卫队根本没有枪也没有手榴弹，教官们只能像教文化课一样，在屋子里向赤卫队员讲述如何利用地形，如何扔手榴弹，如何冲锋等等。虽然“纸上谈兵”的效果不如正规军训练的效果好，但工人们学得很认真，大家人经常拿石头当手榴弹练习投掷，直到练得胳膊都抬不起来。因为赤卫队的训练都是秘密进行，大多数工人是白天上班，晚上来听课，一天下来非常辛苦，却从来没有人抱怨。有一次，一个教官问他们，这样白天上班，晚上训练不累吗？工人们都说：“不累！一想到要打倒国民反动派，浑身都充满干劲！”

11 月中旬，粤桂战争爆发。粤军将领张发奎将主要兵力全部调出广州参战，只留下七千人左右驻守广州。这七千人中，有一支教导团是由共产党秘密掌握的。除此之外，时任该军参谋长的叶剑英也是共产党的秘密党员，这都为发动起义提供了条件。广东省委决定趁此机会，发动起义。

12 月 11 日，广州起义爆发。起义军约有五千人，在郊区农民武装的配合下，向驻守在广州的张发奎部发起猛烈进攻。当时起义军中的许多工人赤卫队队员都没有枪支，只能拿着大刀、梭镖参加战斗。起义军装备虽然简陋，但斗志高昂，一路势如破竹。起义军经过十个多小时的战斗，除第四军军部、军械库和第四军第十二师后方办事处之外，珠江以北市区的国民党军、保安队和警察武装均被消灭，缴获各种火炮二十余门，各种枪一千余支。当日上午，广州市苏维埃政府宣告成立，任命张太雷为代理主席，叶挺为工农红军总司令，徐光英为总参谋长。

起义的胜利，让广州这座革命名城再次迸发出希望的光彩。大街上锣鼓喧天，百姓们云集在大街小巷庆祝着胜利。相较大街上的喜庆气氛，起义军总指挥部里的气氛要明显紧张许多。几位起义领导人正在召开军事会议，商讨起义军的下一步行动计划。

叶挺说："我们应当率军尽快撤出市区，以保存革命力量。"

聂荣臻支持叶挺的建议，他说："张发奎的大部队离广州并不远，很快就会反扑回来，到时难免一场激战，会造成不必要的伤亡。"

共产国际代表诺依曼却提出反对，他认为共产党应该走苏联的道路，要守住大城市不放。经过一番激烈的讨论，双方互不相让，最后为了尊重共产国际的意思，指挥部否决了叶挺的提议，决定继续坚守广州。

不出叶挺所料，气急败坏的张发奎第二天便联合英、美、日等帝国主义的军舰和陆战队，向起义军发起猛烈反扑。13 日，国民党军重占广州，起义失败。起义军匆忙向东江、北江等地区转移。

起义军的这次转移非常仓促，并没有进行有效的组织。其中撤至北江的 200 多起义军与朱德、陈毅率领的南昌起义军余部相遇，并被收编，一起上了井冈山。另外撤至花县（今广州市花都区）的1000多起义军，改编为工农革命军第四师，经河源、紫金转战至海丰、陆丰地区。

1928年1月，当工农革命军第四师到达海陆丰地区时，当地已经在南昌起义军第二十四师（后改编为工农革命军第二师第四团）的奋斗下建立了苏维埃政府。两师的汇合，使海陆丰苏区进一步扩大，震惊了广东国民党当局。国民党当局立刻调集兵力对海陆丰苏区的工农革命军进行"进剿"。由于敌众我寡，工农革命军受到重创，最后只有六百余人成功突破包围向五华转移。

4月13日，中共广东省委召开扩大会议，决定将工农革命军正式定名为红军。

至6月下旬，红二、红四师在国民党军的疯狂进剿下，遭受严重

◎广州起义烈士陵园

损失。红二师师长董朗负伤，该师仅存200余人，转向紫金、惠来一带山区；红四师师长叶镛被俘后被国民党军杀害，师参谋长徐向前接任师长，刘校阁任师党代表，率该师余部300余人转移至海丰大安洞、热水洞一带山区。在弹尽粮绝的绝境中，红军余部始终坚持战斗至年底。后中共东江特委根据中共中央指示精神，将红军余部陆续转送出海陆丰地区。

广州起义虽然以失败告终，但共产党的革命星火却没有熄灭。起义军英勇无畏的战斗精神，让中国人民看到了一个崭新的人民军队的形象。在广州建立的苏维埃政权，也大大震慑了国民党反动派。同时，参与起义的许多领导人和保留下来的武装力量，继续为中国革命事业顽强战斗，最终成为中国人民解放军的重要组成部分。

黄麻起义

1927年8月7日，共产党召开的“八七会议”犹如一盏指路明灯，照亮了处在迷雾中的共产党人。鄂豫皖的黄安县和麻城的共产党人在这盏明灯的指引下，决定跟随党的脚步，冲破迷雾，为革命奋战不止。

共产党在黄安县的群众基础很好。那里的百姓虽然文化程度不高，但为人朴实勤劳，对开展革命事业的积极性很高。当蒋介石与汪精卫相继叛变革命，发动“四·一二”和“七·一五”反革命政变后，黄安县城当年的红火景象消失不见了。国民党称黄安县是“赤色县”，需要彻底整顿。七月中旬，国民党下令“清党”，取缔黄、麻地区的工会、农会等革命群众组织，并发出通缉令，通缉以董必武为首的共产党员92人。

顷刻间，黄、麻两县被白色恐怖所笼罩。曾经被人民群众打倒的土豪劣绅见局势改变，纷纷卷土重来，变本加厉地压榨农民百姓。原本热闹红火、欣欣向荣的黄、麻两县呈现出凋敝之势。

大革命时期，共产党曾组建黄、麻两县的农民自卫队。这支自卫队由共产党领导，多次打退当地土豪劣绅的武装进攻。白色恐怖来袭后，国民党反动派千方百计要将这支队伍打垮，扑灭共产党在黄、麻地区燃起的革命火焰。对革命无比忠诚的黄、麻两县党组织，毫不退缩，高举斗争的旗帜，依靠农民群众，牢牢掌握革命武装，不断发展革命力量，让革命之火不受风雨的侵袭，继续燃烧在黄、麻地区。

同年 9 月下旬，省委派人先后两次在麻城县北的邱家畈和林家山召开会议，传达贯彻“八七”会议精神，详细分析国内局势。会议指出：现在资产阶级彻底叛变了，小资产阶级动摇不定，为了继续革命，党决定发动两湖秋收暴动，以武装的革命，反对武装的反革命。会议决定响应党的精神，与黄安共同行动。

会议召开没多久，共产党联合农民群众举行了轰轰烈烈的“九月暴动”。由于“九月暴动”的展开过于仓促，黄、麻两县县委缺乏领导起义的经验，没有及时在农民协会的基础上建立起革命政权，没有及时在农民自卫军的基础上建立起革命军队，致使面对反扑而来的国民党军无法全力招架，最终未能将农民运动发展至武装夺取政权的新阶段。

不过，“九月暴动”也并非毫无意义。“九月暴动”虽因各种原因失败，却向两县农民举起了土地革命的旗帜，进一步发动、武装了群众，严厉打击了土豪劣绅的死灰复燃之势。黄、麻地区的反动势力得到很大程度上的清剿，这为以后爆发的大规模起义奠定了坚实的基础。从而，拉开了黄麻起义的序幕。

面对共产党与农民群众的顽固抵抗，国民党与土豪劣绅气急败坏，大骂共产党和农民群众不识好歹。当地许多土豪劣绅都吃过共产党的亏，甚至一度被赶到了山里过苦日子，对共产党简直恨之入骨。土豪劣绅见国民党一心剿灭共产党，欣喜若狂，捧着自己的宝贝家产纷纷向国

◎油画:《黄麻起义》

民党示好，表示愿意共同“剿匪”。国民党向来与土豪劣绅关系良好，于是，国民党与土豪劣绅狼狈为奸，开始展开对共产党与农民武装的一系列血腥镇压行动。

国民党与土豪劣绅的一系列反共、镇压农民运动的活动，引起了当地农民群众的极大愤慨，使百姓更加坚定了追随共产党革命到底的决心。在当地坚持斗争的共产党人吴焕先、曹学楷、戴季英等人，一起提出了“以革命继续革命，以革命发展革命”的口号和“把持农民协会，把持并扩大农民武装，狠狠打击土豪劣绅的嚣张气焰”等正确主张，并在广大群众中广为宣传，从而进一步保持了群众的斗争热情。

同年 10 月，中共湖北省委接到黄麻报告，得悉两县尚有一定武装力量和相当的群众基础，并且进行过武装暴动。省委决心加强黄麻地区的领导，以继续发动和领导黄麻地区的武装起义。中共黄麻特委决定成立由潘忠汝、吴光浩任正副总指挥的暴动指挥部，统一指挥和领导黄麻两县农民武装，攻打县城，举行起义。

◎黄麻起义纪念碑

11 月 13 日，在黄麻农民起义总指挥部的指挥下，黄麻工农武装起义爆发了！

这是一场惊天动地的起义。黄、麻两县所有的人都动员起来，不论男女老少，大家在共产党的领导下，拿起武器，向驻守在黄安县的国民党军与土豪劣绅发起进攻。这支起义队伍没有统一的服装，没有统一的武器，但他们有着共同的目标，有着同样信念。他们目光坚定，步伐矫健——他们是人民组成的队伍。

午夜时分，起义军已将黄安县城团团包围住。但是狡猾的敌人将县城的四个城门全部关闭，想要攻进城去并非易事。没办法，缺少重武器的起义军只能用云梯登城。起义队伍中的共产党人吴立行是担任攻城先锋的战士，他第一个搬起梯子，冲向城门。大家看到他奋勇向前的身影，也纷纷跟了上去。吴立行的动作非常迅速，眼见就要攀上城墙时，在城墙上巡逻的敌人发现了他，罪恶的枪口对准他的胸膛，

“砰”的一声，吴立行牺牲了。跟后面的战士们看到吴立行中弹，怒火仿佛要从双眼中迸发而出。起义军怒吼着“为倒下去的兄弟报仇”，以排山倒海的气势开始攻城。

人民的力量强大无比，人民的军队所向披靡。在军民的浴血奋战下，很快，黄安县的四个城门相继被攻破。城中的土豪劣绅以及国民党军队四处逃窜，狼狈不堪。当太阳从东方升起时，革命的红旗已经迎着朝霞飘扬在黄安县城的城头。

11 月 18 日，黄安城内锣鼓喧天，热闹非凡。城中百姓纷纷匆忙赶向城南的校场。原来，这一天是黄麻起义的胜利大会，大家都急着跑去参加庆祝。庆祝大会上，黄安县农民政府、中国工农革命军鄂东军正式宣告成立。当百姓听到黄麻第一个红色政权成立的时候，都开心地欢呼起来。一时间，整个广场上掌上雷动，鞭炮齐鸣，在场的每一个人都沉浸在无法言语的喜悦之中。

12 月下旬，吴光浩、戴克敏、戴季英等率起义军余部离开黄安转进黄陂北部的木兰山。部队在木兰山改编为工农革命军第七军，在以木兰山为中心的黄安、麻城、黄陂、孝感、黄冈、罗田地区分散游击。1928 年 7 月，根据中共黄麻特委的决定，工农革命军第七军改编为红军第十一军第三十一师。

黄麻起义是继中国共产党领导的南昌起义和秋收起义之后，在

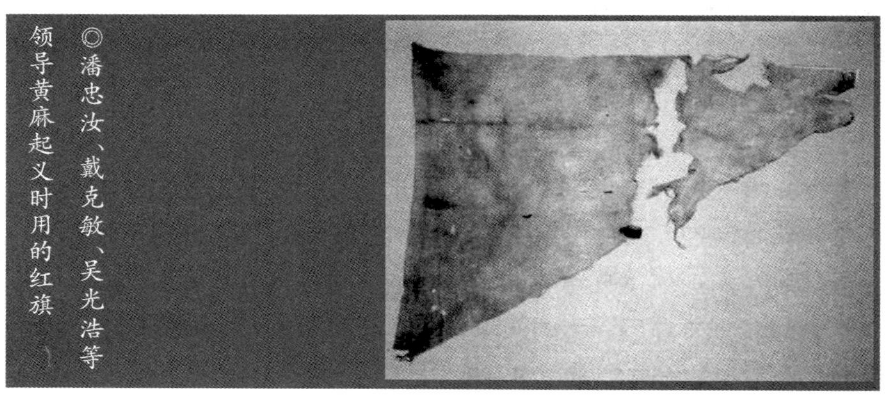

◎潘忠汝、戴克敏、吴光浩等领导黄麻起义时用的红旗

◎黄麻起义纪念园

长江以北地区首次举行的规模最大的农民武装起义。它揭开了鄂豫皖地区武装斗争、土地革命和苏维埃政权建设的序幕，为创建鄂豫皖革命根据地和红四方面军起了先导作用，在中国革命史上写下了光辉的一页。

平江起义

1928 年 7 月，平江城内酷热难当。站在练兵场上的湘军一团二营的战士们虽然汗流浃背，却仍纹丝不动地站在原地听团长彭德怀的训话。彭德怀的训话内容一向简短、精炼。没多久，他就结束了当天的训话，用洪亮的声音宣布：“解散”。

解散后，二营的官兵们立刻从纪律严明的军人变身为普通的青年，三五成群地打闹着向各自宿舍走去。彭德怀没有着急回去，他坐在练兵场边上的一棵大树下，看着这些充满朝气与热血的士兵们，陷入了深深的思考。

从 1927 年蒋介石发动“四·一二“反革命政变后，中国革命的事业就一直在不断遭到破坏。国民革命军已经变了性质，成为新军阀的部队，大革命时期的“革命”早已名存实亡，取而代之的是以蒋介石为代表的新军阀。彭德怀一向拥护中国革命，对于蒋介石等人背叛革命的行为愤慨不已，这也是他选择加入中国共产党的一个原因。他曾多次向师长周磐建议镇压反革命势力，但都被周磐拒绝。通过这件事，彭德怀深刻地认识到只有掌握自己的武装，才能反抗武装的敌人。

怎样掌握自己的武装，怎样反抗敌人?

彭德怀觉得有些热，将帽子从头上拿了下来，抓在手里把玩——他想到了起义。这个想法并不是由来已久。从大革命被破坏以来，起义这个念头就一直萦绕在他的脑海里。但是，彭德怀也清楚，此刻形势严峻，大革命失败后共产党人领导发动的几次起义，都先后遭受挫折，敌人“清剿”共产党的力度也越来越大。目前，除了自己所在的一团有众多党员外，其他部队中的党员并不多，调动起来非常困难。彭德怀叹了口气，站起身向办公室走去。

进了屋，彭德怀刚给自己倒上茶，就见二营营长陈鹏飞火急火燎地跑进来，大声对彭德怀报告道：“团长，不好了!”

彭德怀很少见到陈鹏飞这么着急的样子，连忙说道：“你先别急，关上门，坐在那里慢慢说。”说着，将刚沏好的茶，放到了陈鹏飞面前。

陈鹏飞关上门后，喝了一大口茶，神色依旧没有缓和下来，但语气已经不像之前那么急躁：“昨天长沙那边捕获了共产党南华安特委负责人，从他身上收到了黄公略为他亲笔写的通行证，笔迹被周磐认

◎平江起义指挥部旧址

出来了。”

彭德怀心中一惊，问道：“你确定？”

陈鹏飞肯定道：“确定。昨天那边来人告诉我的。事态非常紧急，除了黄公略同志，其他同志也可能有危险。还有你也要小心，当初黄公略是你推荐的，周磐他们也一定开始怀疑你了。”

彭德怀沉重地点点头，沉默片刻，说道：“我会想办法的。”

当天，彭德怀就骑马赶到了平江县城。在县城的邮局里，他收到两封电报。一封是长沙方面发给副师长李慧根的，另一封是发给彭德怀的。两封电报内容相同，大意是说：南华安特委负责人在长沙被捕，供出黄公略等人是共产党员，要求李慧根立即逮捕黄公略、黄纯一、贺国中。

彭德怀看着这两封电报，意识到事态的严重性。他能扣住李慧根的电报一时，但这并不是长久之计。李慧根早晚可以从其他途径得到逮捕消息，到时不仅是黄公略、黄纯一、贺国中三位同志将陷入危险，彭德怀自己也将在劫难逃。

彭德怀骑上自己的战马，向团部方向疾驰。彭德怀骑在马上，道路两旁的景色急速倒退。在这一刻，他下定了一个决心。

当天晚上，彭德怀秘密召集了几位共产党员开了一次小型会议。参加会议的还有刚刚赶到平江的省特派员湘鄂赣边特委书记滕代远。滕代远先向大家传达了《中央关于湘鄂赣总暴动和对平江问题的决议》，使与会同志对全国总的形势有了宏观的认识。随后，大家开始讨论这次会议的中心主题——如何营救黄公略、黄纯一、贺国中三位同志。

彭德怀在得到消息后，心中已经有了决定，他说：“我主张尽快举

◎平江起义指挥部情景再现(腊像)

◎平江起义雕像

行起义。”

彭德怀这话一出，大家都愣住了，党内近一年大大小小的起义均受挫。此时提到起义，大家已经不像以前一样热血沸腾，无条件的支持了，气氛一时有些压抑。沉默了片刻，才有一位同志开了口，声音不大，像是在说给自己听，他说：“现在这种情况，恐怕不适合起义吧……”

彭德怀当然明白大家的顾虑，因为这个顾虑自己也有。但是现在形势所迫，他们所面临的危机已经堵死了面前所有的道路。此时能做的，只有用自己的力量去打破前面的所有阻碍，杀出一条道路。

彭德怀说道：“大家的顾虑我明白，现在国内局势危急，敌强我弱，但是现在除了暴动，没有更好的办法去挽救这次危机了。我已经细致的研究过了，这次暴动我们依旧掌握许多优势，还是有很大的胜算的。”

国民党在平江的兵力不如大城市。据守县城的也只有民团、清乡队、警察以及独立五师师部、特务连等，总共约两千多人的兵力。这两千多人中有许多都是未经过正规军事化训练的人员，战斗能力低，平江周围也没有大规模的军队驻守。彭德怀向与会的几位同志细心的

讲解道："只要我们出其不意，打他们个措手不及，我们就会占取主动位置，形势也就会倾向于我方。"

听了彭德怀的一番讲解，大家的担忧渐渐被化解。接下来，与会的几人又针对如何起义，何时起义进行了商讨。最后，会议决定于7月22日发动起义。为了麻痹敌人，为起义的准备工作争取时间，彭德怀以李慧根的名义，给周磐回了一封电报，谎称黄公略等人已被逮捕。

周磐接到假电报后非常满意，以为麻烦已经解决。谁知彭德怀那边正在如火如荼地准备制造一个更大的"麻烦"。

当时部队已经很久没有发过军饷，士兵情绪很低迷，彭德怀利用这点，通过士兵会组织，发动闹饷斗争，把大部分官兵都发动起来了。同时，他还派人联系了身在三团三营的黄公略以及周围地区的一些武装力量按时赶到平江参加起义。

7月22日下午1时，一声枪响划破了天际。胸前系着红布带的起义军发出冲锋的怒吼，向平江城里的反动民团、警察、师部发起猛烈进攻。反动集团的两千多人面对突如其来的暴动毫无准备，惊作一团，根本无法组织起有效的反击，很快就被起义军解除武装，举手投降了。

◎油画：《平江起义》

起义成功了！

整个平江城都为之沸腾，被解放的工农群众在大街上举行庆祝活动，锣鼓声、鞭炮声不绝于耳。自从大革命失败后，平江城很久没有这么热闹过了。

24日，平江县召开群众大会，宣布成立苏维埃政府。同时，起义部队改编为中国工农红军第五军第十三师，彭德怀任红五军军长兼十三师师长，滕代远任党代表。

平江的喜庆没有持续多久，国民党反动派就集结大军向平江城进行反扑。彭德怀当机立断，率领红军撤出平江，进入农村，开始了创建湘鄂赣革命根据地的战斗。红五军在战斗中逐渐锻炼成为中国工农红军的一支主力部队，为共产党领导的人民军队增添了新鲜血液。

朱军长的“1917”

南昌起义的起义军撤出后，为了不被追兵一网打尽，起义军分不同路线转移。朱德当时负责率领二十五师留守三河坝，抵挡追军。由于追军兵力过于强大，朱德指挥二十五师抵挡几日后，便向湘南方向撤退。

当部队进入赣南山区的时候，身后的追军由于长时间行军，队伍疲惫不堪，暂时停止了追击。二十五师也终于得以有机会进行休整。

陈毅自从追上起义军后，就一直与朱德共事，他担任了一个团的指导员，在带军方面，帮了朱德不少忙。部队进入赣南地区后，他就一直忙前忙后，安排事宜。

这日，陈毅又劳累了半天后，找到了朱德。朱德正坐在一个大石头上，费劲地补着自己的帽子。这帽子还是在三河坝的战斗中弄坏的。朱德抬头看见陈毅走来，示意陈毅坐到对面的大石头上，开口埋怨道：

“拿枪拿炮我在行，拿针就不行了。这帽子总也补不好。”

陈毅坐到了朱德对面的石头上，伸头看了看朱德缝得歪歪扭扭的针脚，险些笑出来。不过很快，他又恢复了严肃的神情，对朱德说道：“刚才又点了一下名，现在队里只剩下一千多人了。”

“军官呢?”

“连长以下的干部几乎没剩下几个，团长、营长一类的也不多了。”

陈毅说完，两人一时谁也没有说话，陷入了长久的沉默。在三河坝的时候，部队还有三千余人。从三河坝撤退，一路上离队的几乎要比战斗牺牲的人员还要多。朱德和陈毅很清楚，南昌起义之后的一路受挫，使许多人对革命失去了信心，有人离队是不可避免的。

朱德收了针线，将缝补好的帽子戴回头上，开口说道：“召集剩下的军官，开个会议吧。”

当天傍晚，军官会议就在河滩上一个简易的棚子里召开了。夕阳渐渐下沉，洒下最后的余晖，河滩被映照得一片通红。朱德很喜欢眼前的这个景象。他觉得革命就是如此，看似逐渐走向低迷，但革命的红色火种依旧散播在祖国大地之上。夜晚终将会过去，红日总会高悬于天空。

这次军官会议，并不是探讨复杂的作战计划，而是进行一次思想整顿。朱德和陈毅清楚，即使是在军官中，也有许多对革命失去信心，意志不坚的人。革命军队已经再三遭受打击，已经无力承受军队从内部开始瓦解、崩溃了。所以，朱德、陈毅决定在部队中进行一次整顿，整顿的第一步就是从部队中的军官开始。

这次会议，排以上的干部都被要求参加。朱德站在前面，第一个开始讲话：“现在队伍中的情况大家想必都很清楚。我们的革命，遭到反动派的沉重打击，形势危急。我们一路被敌人追着跑，你们心里不甘心，我更不甘心。”

在场的军官们头一次听见师长说出这么沮丧的话，心情都有些沉重。会议的气氛转向压抑时，朱德话锋一转，又说道："成大事，总不可能一开始就是一帆风顺的。我先表态，我是要革命的。"

陈毅看到大家被朱德突然的表态弄得面面相觑，开口补充道："古往今来，闹革命的不少，成功的也不少，但是每个成功的人都是经历了千万次挫折才成为最后的英雄的。革命一时的失败不能说明什么，只要我们还在这里，革命就还有实现的希望。"

陈毅的话音一落，朱德又说道："我不如陈毅同志会说。我就跟大家说说苏联闹革命的事儿吧。大家都知道苏联现在革命成功了，但是在最初，苏联的革命也遭受过沉重的打击。苏联的革命人没有放弃，他们最终战胜了敌人，冲破了黑暗，终于在1917年取得了胜利。"

朱德扫视了一下在场的军官，眼中闪烁着对革命坚定不移的光芒，他继续说道："我相信，只要我们坚持革命，终有一天我们也会迎来我们的'1917'!"

朱德的一番话，震撼了在场的每一个人。他们对革命产生的动摇之心，也渐渐平复了。这之后，朱德与陈毅又在军中展开了几次整顿活动，告知全体官兵，如果不想革命，只要把枪留下，就可以走人。

离队的人不少，营地上散落着许多枪。不久，朱德与陈毅再次点了一下人数，还剩下七百余名官兵。朱德大大地叹了口气，但旋即又笑了，他对陈毅说："这样也不错，人少了队伍也好带。留下来的，都是对革命忠诚的好战士，一个顶十个。"

陈毅听到他这话，扑哧笑了出来，说道："这么说，咱们这支队伍可是七千多人的大部队啊!"

说完，朱德也跟着笑起来。

虽然二人当时说的是玩笑话，但这支只有七百余人的队伍却成了之后共产党建立人民军队不可或缺的一部分。这七百人也最终成为了七千人，七万人，直至成为保护中国大地的刚强铁军。

会师井冈山

朱德与陈毅所带的队伍经过整顿，离队的现象虽然减少，但新的问题随机出现，即军纪松懈。

纪律问题的出现，与长期艰苦行军有着很大的关系。当时已经进入十月，天气渐渐转凉，战士们身上穿的依旧是八一南昌起义时发的夏装。这些夏装经过多次战斗和长时间的行军，已经破烂不堪，根本无法抵御初秋夜晚的寒冷。战士们经常几个人依偎在一起休息、取暖。除此之外，食物问题就更加难以逃避。这支队伍根本没有从地方获得任何补给，官兵们几乎天天饿着肚子。加之队伍中有些官兵还保持着旧军人的习气，对新型人民军队的纪律观念不够重视，又造成纪律严重涣散的情况。

朱德随着其他战士一起走在山间小道上。这几日他的心情一直不好，原因就出在部队的纪律问题上。最近几乎每天他都可以收到纪律问题方面的报告。其实不需要报告，他自己也已经看出问题了。行军队伍没有一点军人的精气神，反而像一群山间游匪一样，稀稀拉拉地向前行进。

当队伍进入赣州南部的信丰县的时候，军中的纪律问题彻底爆发。军队进入县城不到一天，就出了一件大事。当时，朱德正在向老乡借来的棚屋里与陈毅、参谋长王尔琢商量纪律整顿的问题。一个警卫员慌慌张张地跑来报告说："军长，不好啦！咱们的兵闯祸了！"

事情是这样的。部队中有几个人一进城，就跑去城中的小饭馆大吃大喝，吃完还不付钱。吃完霸王餐还不够，又拿着手榴弹去当铺，说要当些钱花花。当铺老板看到手榴弹，什么都不敢说，只得乖乖把钱交了出来。

朱德听后大怒，抬手用力锤了一下桌子，吼道："还真给我变土匪了!"说完，朱德就让陈毅将部队所有人员集合起来。

突然的紧急集合，让部队的官兵都有些紧张，猜想是否又有新敌情。陈毅与朱德并肩站在队伍前方。陈毅开口说道："我们队伍中出现了比敌情更可怕的危机!"

陈毅的话一说完，队伍中就开始有些骚动，大家彼此小声地互相猜测着：有内奸？有人叛变？这时，朱德突然大声叫出三个人的名字。台下的官兵一愣，就看到参谋长押着三个人走到前方。朱德又开口道："这三个人今天做了什么，有些人大概也有所耳闻。这三个人今天在老百姓的饭馆里白吃白喝，还抢当铺。这还是军人吗？是无恶不作的土匪！共产党带的部队，是绝不允许这种目无军纪的士兵存在的。把这三个人给我拉下去毙了!"

"砰砰砰"，三声枪响，犹如三声警钟，沉重地敲在在场的每个官兵的心中。

接下来几天，部队没有离开信丰，而是在当地停留了几日。朱德对部队的纪律问题进行了进一步整顿，并重新编整了军队的建制。经过一番整队，部队中建立了党、团支部，把党员与团员平均分配到各个单位，并在部分连队里设了指导员。除此之外，队伍重新整编为七个步兵连、一个迫击炮连、一个重机枪连等，总共九个连，组成了一个团。一些优秀士兵也得到提拔，成为了干部。

现在的这支队伍，经过重重考验，已经摆脱了旧军队的痕迹，成为一支新型的革命军队，孕育着不可估量的强大潜力。这一重大转变对这支队伍来说，意义非常重大。队伍已经摆脱萎靡不振的情况，不但不再减员，反而在农村又招募了一些对革命忠诚的新兵，

朱德的这支队伍经过多次整顿以及战斗的洗礼，已经淬炼成一支坚不可摧的武装力量。朱德也从一次次挫折中，总结出正确的战斗经验，放弃了对大城市的进攻，像毛泽东一样，将重心转入农村山区开

展游击战斗。

1928 年 1 月，朱德、陈毅率领部队在中共湘南特委和当地农军组织的配合下，发动了湘南武装起义，并于 3 月在永兴成立了湘南苏维埃政府。3 月下旬，国民党集结了七个师的兵力向湘南地区反扑。朱德的队伍力量虽然有所壮大，但与敌人七个师的兵力相比还是相差悬殊。朱德、陈毅等人经过商量决定与在井冈山的毛泽东取得联系，尽快向井冈山转移。

1928 年 4 月 26 日，朱德、陈毅率队到达井冈山下的砻市，在当地驻军休整，等待毛泽东的接应。

第三天，砻市格外热闹。毛泽东带着队伍来到砻市接应朱德。这次成功会师，对于双方都是有着重大意义的。朱德与毛泽东相见时，两人更是激动得久久不能说话，仿佛一切言语都不能表达此刻的心情。

◎油画:《井冈山会师》

◎龙江书院

毛泽东、朱德、陈毅等人在砻市的龙江书院进行了一次简单的交流。几个人坐在椅子上，激动的心情还没有完全平复。朱德像是很久没有这么精神过了，眼中燃烧着革命的热情火焰，他说："我带来了8000多人。"

毛泽东语气有着难掩的兴奋："我们可以编成一个军了。"

陈毅也咧嘴笑了笑，说："是啊！够编成一个军了！"

几个人看看彼此，都开心地笑起来。为了安全，这次谈话并没有进行多久。很快，毛泽东就带着朱德、陈毅的部队一起向井冈山进发。

随后，两军合编为工农革命军第四军。朱德任军长，毛泽东任党代表和军委书记。从此，毛泽东和朱德的名字便紧紧地联系在一起。

井冈山的会师和红四军的成立，在中国革命和中国人民解放军建军史上，具有重要的意义。革命的火种汇聚在井冈山上，并最终成为燎原之势，席卷全国。

第四章

红色传奇传千古

一面军旗、一个节日、一个字句……这些看起来普通得不能再普通的词语，却孕育着一段段铭记史册的传奇。这些传奇犹如一簇簇红色火焰，照亮着共产党的建军路。

第一面军旗的诞生

军旗，誉称“军魂”，既是领军的旗帜，也是国家武装力量的象征。在井冈山革命博物馆里面，陈列着一面旧军旗。这面军旗的正中标志着五角星，五角星里面是镰刀、斧头的团案，旗子的一侧写着“中国工农革命军第一军第一师”的字样。这面旗子，就是中国共产党独立领导的人民军队的第一面军旗。

时间回溯到1927年。八一南昌起义爆发时，起义部队为了联合国民党左派，打的是国民革命军第二方面军的番号，用的是国民党军队的旗子。南昌起义结束后的“八七”会议上，共产党决定在湖南地区发动秋收起义。当时，大多数人认为秋收起义应该继续打着国民党左派的旗号。

当负责秋收起义的毛泽东带着党中央的任务来到湖南后，他的想

◎陈列在井冈山革命博物馆里的中国工农革命军第一军第一师的军旗

法改变了。湖南此时在国民革命军第四集团军总司令唐生智的控制下，完全笼罩在白色恐怖之中。当地共产党组织纷纷转入地下，在极为艰苦的情况下进行着革命工作，稍有不小心，就会被国民党逮捕、杀害。这片革命红色土地，因国民党反动派的血腥镇压变得面目全非，过去朝气红火的城市，现在呈现出一片灰败。毛泽东将这一切看在眼里，他认为秋收起义应"高高打出共产党的旗子"，不能再打"国民党左派的旗子"。国民党对共产党一次次血腥镇压，是时候让共产党人独立组建武装力量，走出自己的革命道路了。

8 月 20 日，毛泽东在以湖南省委名义写给中央的信中写道："国民党的旗子已成军阀的旗子，只有共产党的旗子，才是人民的旗子。这一点，我在鄂时还不太觉得，到湖南这几天，看见唐生智的党部是那样，而人民对立则是这样，便可以断定国民党的旗子真不能打了。"

毛泽东的这一提议，受到了中共中央的重视，并最终确定秋收起义要以中国共产党的名义发动，并确定秋收起义部队叫"中国工农革命军第一军第一师"。秋收起义部队的旗号定为"镰刀斧头"。

9 月初的一天，起义军第一团团部接到了一个任务——设计军旗。

第一团原来是国民革命军第二方面军警卫团，也叫武汉警卫团，北伐时是第四军叶挺独立团下面的一支队伍。团部接到任务后，就安排师部参谋何长工、参谋处处长陈树华和副官杨立三具体负责设计工作。

何长工、陈树华和杨立三接到设计军旗的任务倍感荣幸，但同时也感觉到了压力。不过好在三个人都是才思敏捷的人，适当的压力不仅不会成为阻碍，反而会成为动力。当天晚上，这三个人就准备好工具，围坐在江西修水县文昌阁的二楼上研究设计图样。

不过，设计的灵感不是说有就有。何长工等三个人围坐在一起，盯着白纸看了许久，也没有动手下笔。何长工转着手中的笔，嘴里嘟囔着："中国的工农革命，是我党独立领导的……"，说着，他在白纸上画了一个镰刀、一个斧头，还有一个五角星。何长工抬起头对陈树

◎油画：《秋收起义》

◎当年何长工等人就是在这里设计军旗的

华和杨立三说道："我觉得军旗上面要有镰刀、斧头和五角星。"

陈树华看着纸上的图案连连点头。杨立三看了也眉开眼笑，对何长工打趣道："不愧是留过洋的才子，思维就是敏捷啊。"

何长工被他说得有些不好意思，又低下头看图纸，开始研究如何将这三种图案以最恰当的设计进军旗中。三人在纸上画了许多样式，但都不太理想。夜已经很深了，三个人坐在椅子上，盯着图纸发呆。对于他们三个人来说，还是头一次有"脑子不够用"的感觉。何长工站起身，在屋内来回走动，但是灵感还是没有降临。他有些烦躁地掏出香烟，分给另外两个人，三个人就这么相对无声地抽起烟来。这烟是何长工珍藏了好久的"宝物"，是从英国进口的"金老鼠"牌香烟，一直没舍得抽。

一包烟渐渐被抽光，窗外的地平线上已经泛起鱼肚白。一直像是在闭目养神的何长工，突然睁开眼睛，一拍大腿，趴在桌子上画出一个图案。由于长时间没有开口，他的声音有些喑哑，但仍旧难掩他的兴奋："你们看，这样怎么样！"

纸上的图案很简单，旗子的正中央是一颗五角星，五角星的里面

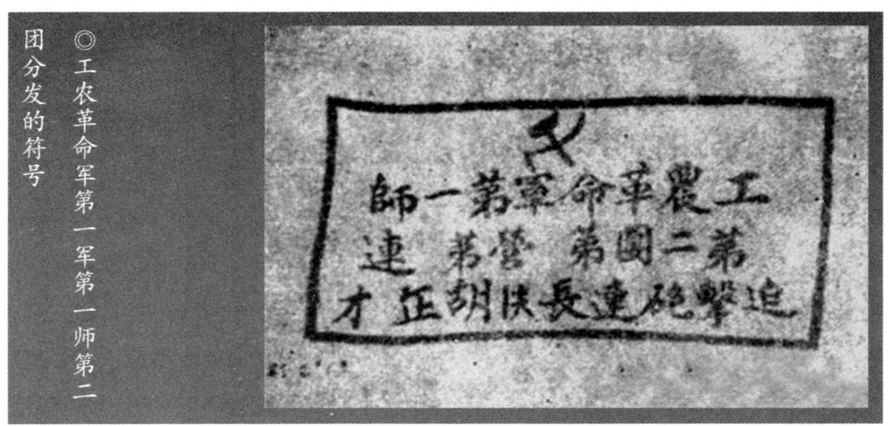

◎工农革命军第一军第一师第二团分发的符号

是镰刀斧头交叉的图案。

陈树华仔细看了看，忽然笑逐颜开，说道：“好！这个好！旗子的底色选为红色怎么样?”

杨立三也笑着频频点头，他伸手指了指旗面的一侧，说道：“再在套旗杆的一侧写上‘中共工农革命军第一军第一师’。”

说完，三个人你看看我，我看看你，脸上都露出喜悦的笑容。当太阳从东方升起，三个人的军旗设计稿也设计完成。军旗设计稿上交没多久，团部就按照设计稿缝制出了一面鲜红的军旗：旗底为红色，象征中国共产党领导的革命；旗中央的五角星代表中国共产党；五星内有镰刀斧头，代表工农，意为工农革命军第一军第一师是中国共产党领导的工农武装；镶在旗杆旁边的白布条上写有“工农革命军第一军第一师”。一面庄重、神圣、鲜艳、凝聚工农革命意义的军旗就这样诞生了。

随后，按照同样规格，起义军又托人缝制了一百面军旗。9 月 11 日这天，起义军高举着鲜红的军旗，以共产党的名义打响了中共独立领导武装起义的第一枪，宣告着共产党领导的武装力量将犹如飘扬的军旗般，鲜艳永不褪色。

“三项纪律，八项注意”

十月初，山间已经完全摆脱了夏天的气息，有了秋天的寒意。白天的时候刚下过一场小雨，虽然不大，但却带来了真实的寒冷。夜深了，一支部队在山间的一片空地上扎营休息。空地上燃着几处篝火，士兵们三两成群地围着篝火取暖，渐渐沉入梦乡。

这支部队看起来疲惫极了，他们是不久前打响秋收起义的部队，现在正在向井冈山方向进发。带队的是毛泽东，此时他正坐在一处篝火前，静静地思考着。从秋收起义的失败，到三湾改编，他已经思考了许多，也在部队中做了许多工作。部队相较之前，管理方面有了很大提高，凝聚力也增强了许多。但是，当面临饥饿、劳累、长时间行军等挫折考验时，队伍中隐藏地问题还是一个个冒出来了。

毛泽东拿起身边的一段树枝，扔到篝火里，激得火苗发出“噼啪”的声音。最主要的问题还是纪律，毛泽东在心中总结道。前一天，部队路过一片红薯地。许久没有吃饱过的战士们看着成熟的红薯地就如同被困于沙漠的旅人看见一望无际的绿洲一样，不顾一切地冲到红薯地里。许多战士在红薯地里四处挖红薯，将红薯连苗拔出，用袖子擦去泥巴就开始吃起来，边吃着，边挖下一个，军官们拦都拦不住。不一会儿，红薯地就被糟蹋得面目全非。红薯地的主人赶来后痛哭流涕，大声叫骂。最后，还是毛泽东从本就不多的军饷中拿出一部分，赔给了人家，才算了事。虽然赔了钱，但是坏的影响还是留下了。不明真相的群众会认为共产党领导的队伍是一群散兵游匪，这和部队要联合农民群众共同战斗的宗旨相违背，是极为严重的原则错误。篝火温柔的火光映照着毛泽东的脸庞，却未能消融他神情中的忧虑。毛泽东想，要尽快采取一些措施。

1927年10月，毛泽东带领队伍到达了离井冈山不远的荆竹山。这个地方相对安全，队伍能在这里得到较好的休整。毛泽东决定借此对部队中的纪律问题进行整顿。

这一天，毛泽东将官兵召集在一起，对大家说："现在革命形势严峻，我们遭遇了许多挫折，但这并不代表咱们不是革命军人。所以，要有军人的样子，要自己严格要求。我们是人民的军队，对待人民要像对待自己的亲人一般。我们不是军阀，我们是为了百姓闹革命！所以，不论是打仗还是行军，都要以百姓的利益放在第一位。"

接着，毛泽东就公布了三项纪律：

第一，行动听指挥；

第二，打土豪要归公；

第三，不拿老百姓一个红薯。

◎三大纪律，八项注意宣传画

公布后，毛泽东对这三条纪律三令五申，并警告每一名官兵，如有违反必将严惩。这之后部队的纪律问题有了明显提高，随意吃百姓红薯的这类现象消失不见了。但由于国民党的负面宣传以及过去旧军阀留下的阴影，许多百姓对共产党还有很深的误解。毛泽东意识到，要想成为一支人民的军队，和农民群众建立起坚固的革命友谊，现在部队仍有许多不足，需要进一步改善。

1928 年 1 月，毛泽东率领部队胜利占领遂川，并在遂川县城动员农民群众，进行革命宣传。毛泽东决定以这次战斗胜利作为契机，再次整顿部队纪律，在民众心中树立起一个新型的人民军队的形象。毛泽东不断找群众谈话，进行调查研究，将群众的意见归纳总结。

没多久，毛泽东就又在军中提出了六项注意：上门板，捆铺草，说话和气，买卖公平，借东西要还，损坏东西要赔。

有的同志问什么叫上门板。毛泽东解释说：“以前我们总借老百姓的门板睡觉，用完就不管，给别人造成了麻烦。现在我们要是再借，借完以后，要原封不动的将东西还回去，安回去，不给百姓添任何麻烦。”

六项注意颁布后，收效非常明显，工农革命军与百姓的关系变得非常融洽。老百姓聚在一起聊天时总会说：“工农革命军和以前的部队不一样，从来不占老百姓便宜，把咱们当亲人看。”

1929 年以后，根据形势的发展和部队的实践经验，对“三项纪律”和“六项注意”进行了补充和修改：将“行动听指挥”改为“一切行动听指挥”；“不拿工人农民一点东西”改为“不拿群众一针一线”；“打土豪要归公”改为“筹款要归公”，后又改为“一切缴获要归公”。六项注意则修改补充成为八项注意：说话和气，买卖公平，借东西要还，损坏东西要赔，不打人骂人，不损坏庄稼，不调戏妇女，不虐待俘虏。

1947年10月10日，毛泽东起草《中国人民解放军总部关于重新颁布三大纪律八项注意的训令》，对其内容作了统一规定。“三项纪律，八项注意”体现了中国人民解放军的性质、全心全意为人民服务的宗旨和军民一致的原则，表明中国人民解放军是一支无产阶级的新型人民军队。同时，“三项纪律，八项注意”对部队中战士的军人素质进行了规范，保证了军队顺利执行中国共产党的路线和胜利完成各项任务。

打游击的独家法宝——“十六字诀”

从南昌起义、秋收起义，再到广州起义，共产党独立领导人民军队创建中遇到了许多挫折，经受了许多次失败。一次次挫折与失败，让共产党充分意识到敌强我弱的实际情况，并开始摸索适用于自己的一套用兵之道。

1927年10月，毛泽东率领湘赣边界秋收起义部队，放弃攻占大城市，转战农村，向井冈山地区转移，发动和组织人民群众，实行工农武装割据，大力开展游击战争。开展游击战争，是根据当时中共所率领的部队的实际情况做出的决定。当时中共虽然已经独立领导武装力量进行战斗，但其实力较之国民党军队来说还是太过弱小。开展游击战争，就是应对此种困境的最好方法。

毛泽东带领着工农革命军开展了几个月的游击战争，胜利攻克了遂川县，可以说是收获颇丰。通过这几个月的战斗经验，毛泽东在中国革命军第一师前敌委员会、遂川县委员会和万安县委员会联席会议上，提出了“坚壁清野，敌来我退，敌走我追，敌驻我扰，敌少我攻”的游击作战原则。依靠这个游击原则，工农革命军取得了多次战斗胜利，对井冈山革命根据地的发展起到了重要作用。

◎红四军建军广场

不过，十六字诀的最终形成，还是在朱德带领南昌起义余部成功与毛泽东在井冈山会师后形成的。

1928 年 4 月，朱德率领南昌起义余部和湘南起义农军上井冈山与毛泽东所率部队胜利会师，成立了中国工农革命军第四军（后改称为红军第四军）。

毛泽东与朱德可谓是英雄所见略同，带兵打仗都主张游击战，就连游击方式都不谋而合。朱德到达井冈山后没多久，国民党军就集结兵力对井冈山发动了第三次“进剿”。

在红军的指挥部中，毛泽东与朱德研究着井冈山的地形图。这时警卫员拿着一叠文件进来，毛泽东看了看，对朱德说：“国民党真是舍得下本啊，这次兵力比上次还要大。”

朱德说：“大也不怕。他们集中进攻，咱们就后退保存实力。等他们打累了一停，咱们就追着他们猛打。不管他们多少人，都给他们打退了！”

毛泽东听了频频点头，高兴地说道：“咱们想到一起去了。”

在毛泽东与朱德的指挥下，国民党的第三次“进剿”根本无法发挥其预计的战斗效果。当国民党军队大举进攻时，工农革命军且战且退。直到国民党军队因作战疲乏驻扎休息之时，才集中兵力，向国民党反扑。国民党从未遇到过这种打仗的方式，对共产党的作战方式完全不知如何招架。整个战斗过程中，国民党只能处于被动状态。最终，国民党的第三次“进剿”再次失败。

中国共产党也在这次作战中完善了打游击战的方法。1929 年 4 月 5 日，以毛泽东和朱德为主要负责人的工农红军第四军前敌委员会在《红军第四军前委给中共中央的信》中，将红军游击战争的作战原则，正式概括为“敌进我退，敌驻我扰，敌疲我打，敌退我追”。前委总结的这套游击作战原则受到了中央的高度评价和肯定，于同年 9 月 28 日，在给红四军前委的指示信中第一次将其称为“十六字诀”。

“十六字诀”是共产党军队从早期的敌大我小、敌强我弱的客观实际出发，利用民众和地形等方面的有利条件，扬长击短，趋利避害，灵活机动地作战，达到以小敌大、以弱胜强的目的。从而，创造了一个个以弱胜强，以劣势装备战胜优势装备之敌的奇迹。使军队在国民党强大的兵力威胁下，可以一次次化险为夷，保存革命火种。

“十六字诀”的提出，正确地解决了中国共产党独立领导革命战争以后在作战指导上的一个重大问题，是对马克思列宁主义关于革命战争战略战术理论的创造性的发展；对当时的和以后的中国人民革命游击战争起了重要的指导作用。不仅是在军队初创时期，在之后的抗日战争、解放战争中，“十六字诀”一直在不断发展、完善，指导军队打出一次次的胜仗，完成一次次伟大的战略任务。“十六字诀”可以说不仅是打游击的法宝，也是共产党创建军队的决胜利器。

俘虏也是革命的种子

肯定许多人会有疑问，为什么共产党自从大革命失败后，多次经历重创，武装力量一度不足千人，最后却战胜了国民党，建立起百万雄师的钢铁军队？这除了共产党的英明的领导、智慧的战略以外，还有一点就是善于化敌为我。

什么叫化敌为我？就是改造俘虏，通过教育改造，使俘虏心甘情愿地投入到共产党阵营，并在共产党军队中发光发热。

共产党从组建军队开始，就一直坚持以建立人民的军队为宗旨。后来又在军队中明确规定要善待俘虏。共产党从一开始就在摒弃旧军队的不良习气，注重政治工作，将士兵的精神面貌，政治思想看得非常重要。在共产党眼中，没有永远的敌人，俘虏就更不是敌人。只要愿意接受改造，有觉悟有本事的人，他们都愿意尽释前嫌，欢迎其加入革命的队伍。

共产党领导的军队之所以不断壮大，离不开“俘虏兵”。1947 年的

◎图为我军政工人员对国民党俘虏进行思想改造

孟良崮战役中，国民党整编师七十四师中有 8000 人被俘。当时俘虏在解放军军中可是炙手可热的“香饽饽”，各部队都抢着要。尤其是这支七十四师，是国民党军队中的模范师，士兵不仅军事素质高，文化素质也很高，大多具有有高小文化水平。要知道那时，共产党方面的连长都不一定读过高小。

即便是国民党军人，“投敌”这种事也是不光彩的，没有俘虏会一开始就心甘情愿归顺“敌人”。若要问共产党为什么总是可以成功吸收国民党军队的士兵，这就不得不提共产党优秀的政治工作以及人民军队的特性了。对俘虏做政治工作，其实同向农民群众讲解共产党，讲解革命的方式差不多。当时国民党军中阶级制度森严，许多长官经常利用职权欺压下属，在士兵之中不得人心。国民党部队的普通士兵也都是穷苦出身，了解社会中的不公与黑暗。当他们真正听到见到共产党口中的“人民军队”，很难不心生动摇。

当然，光说不做是没有用的。共产党讲善待俘虏，就会善待俘虏；说要不计前嫌地接受俘虏兵，就会张开胸怀真心接受。部队会根据俘虏的人数，将俘虏兵分配到各个班，经常是一个班中分配一个俘虏兵。军中有纪律，对于俘虏兵，是不许侮辱、歧视的。尤其是这种已经归顺共产党的俘虏兵，被叫做“解放战士”，共产党更是提倡部队老兵多多帮助他们进行改造，适应共产党的习惯作风。

许多“解放战士”最开始对共产党善待俘虏的说法是将信将疑的。但当他们真正投入到人民军队中，就会发现这个军队真的和过去所有的军队不一样。班长会处处关心“解放战士”生活是否习惯。如果身体不舒服，班长还会帮忙扛枪，关心询问，对待“解放战士”会像对待其他人一样。不仅是班长，还有排长、连长或者更大的官，都是一个样子。有的国民党战士刚到共产党总会纳闷：“怎么共产党的官都不像官，一点架子都没有？”纳闷归纳闷，这种“不像官”的官却是最受战士喜欢的。久而久之，这些曾经的俘虏兵都渐渐被“解放”，全心全意地投入到共产党的军队中，为人民解放事业艰苦奋斗。

吸收俘虏兵还有一个好处。共产党的兵大多都是普通农民出身，没受过正规的军事化训练。大部分战士是入了伍以后，在战场上自学的，整体军事素质不高。国民党的俘虏兵则不同，他们都是经过正规训练的老兵，会打枪，会用炮，到了共产党的军队里，他们的技术知识不仅可以直接应用在对付国民党的战斗中，还可以传授给部队中其他战士，形成了俘虏兵与普通士兵之间的互帮互助，直到最终拧成一股强大的力量。

说到这里，还有一件关于彭德怀对待俘虏的趣事。

1930 年 6 月，彭德怀在率军向湖南长沙进军的路上，与湖南国民党军阀何键在金井镇打了一仗，并取得胜利。何键部被打得仓皇而逃，许多重型武器都丢弃在路旁。彭德怀看着这些国民党留下来的“礼物”，心中笑开了花。

这时，警卫员跑过来报告说：“军长，国民党的俘虏怎么处理？”

彭德怀说：“按老办法，想留的留下，不想留的，给他们些路费，让他们回家吧。”

话刚说完，又有一个战士跑来报告说，许多战士都将重机枪扔在路边不理睬，反而去捡步枪。彭德怀一听很是吃惊，怎么能有丢了西瓜捡芝麻的道理，连忙跟着这个战士过去看情况。

彭德怀走到一些战士身边，指着重机枪，问道：“你们不喜欢那个大家伙吗？”

那些士兵还握着刚捡来的步枪爱不释手，见到彭德怀也不紧张，说道：“不喜欢。不会用，还很重，没有这把枪好。”

彭德怀听了觉得有些好笑，但更多的是无奈。部队中的许多战士都是半路招进来的普通农民，不仅不懂军事，连武器也不懂，认为步枪就是天下最厉害的武器。想到这，彭德怀耐心的解释说：“这是重机枪，可比你手里的步枪厉害多了，突突突地可以扫射一片。重也不是问题，这个可以拆卸，拆了大家分着拿，就不重了。”

几个战士一听眼前这个笨重的铁家伙竟然这么厉害，都瞪大了双眼。不过，还是没有一个动手拿，过了一会儿，一个战士才有些不好意思地说：“可，可我们不会拆……”

彭德怀被他们不好意思的神情逗笑了，说：“这个没关系，我现在就教你们一遍。”说着自己就弯下腰一边拆一边讲解。讲完一遍，大家还是懵懵懂懂。彭德怀有些着急，因为还有许多事情需要他处理，他没有太多时间在这里教他们拆卸机枪。忽然，他灵机一动，转身问警卫员：“刚才的俘虏，有留下的吗？”

警卫员点头，彭德怀说：“把他们都叫来。”

不一会儿，警卫员就领着几个俘虏兵过来了。彭德怀向几个俘虏兵问道：“你们会用重机枪吗？”

俘虏兵用力点点头，说：“会！”

彭德怀满意地笑了，转头对之前几个战士说道：“你们就跟着他们学拆装重机枪，学打枪，怎么样？”

几个战士一听要让他们跟国民党俘虏学，都很不情愿。有个胆大的战士说：“国民党都不是好东西，不要跟他们学！”

彭德怀听了摇摇头，认真地讲道：“这里没有坏人。他们都是愿意加入工农红军的进步分子，他们要向你们学习进步思想。你们也要虚心向他们学习军事技术。部队里讲的善待俘虏，帮助进步分子的话都是白讲的吗？”

这话一说完，不仅几个红军战士愣住了，就连俘虏兵都怔住了。他们在国民党军队中可从没有听说过这种互相学习、互相进步的说法。眼前的这位军长也和自己从前高高在上，一副为威作福派头的长官不一样。俘虏兵一激动，率先开口道：“长官，我会把我会的都教给他们。”

那几个战士听到俘虏兵竟然比他们先表了决心，都有些惭愧，红了脸说："我们也会和这几位新同志虚心学习的。"

彭德怀听了大笑起来，说："好，好。这就好，大家以后就都是战友了。"

随后，在攻打长沙的战斗中，上次缴获的重机枪派上了大用场。这就优待俘虏所换来的的巨大帮助。

彭德怀这样优待俘虏的例子，在共产党军队中比比皆是。蒋介石认为俘虏兵是颗定时炸弹，共产党则认为每个俘虏都可能是革命的种子，都有可能会成为革命的星火。这一点，也可以说是共产党军队越打越强，越打人越多，最终战胜国民党的一个重要的原因。

第一个建军节

中国共产党领导的人民军队的第一个八一建军节诞生于1933年。那时中国共产党已率领军队与国民党进行了多年的艰苦战斗，并成功地在赣西南、闽西等地区创建了中央苏区，成立了中华苏维埃共和国。第一个建军节的庆祝活动，就是在红都瑞金举行的。

建军节定在8月1日，这和1927年爆发的南昌起义有着很大的关系。中央革命军事委员会认为："1927年8月1日发生了无产阶级政党——共产党领导的南昌暴动，这一暴动是反帝的武装革命的开始，是英勇的工农红军的来源。中国工农红军在历年的艰苦战争中，打破了帝国主义扶持下的国民党的历次进攻，动摇了国民党在中国的统治地位。共产党领导的工农红军已成了革命高涨的基本杠杆之一，成了中国劳苦群众革命斗争的组织者，是彻底进行民族革命战争的主力。本委会为纪念南昌暴动的胜利与红军的成立，特决定自1933年8月1日为中国工农红军成立纪念日。"

1933年6月26日，中共苏区中央局发出《关于"八一"国际反战争斗争日及中国工农红军成立纪念日的决定》，正式确定将 8 月 1 日定为中国工农红军纪念日。中华人民共和国成立后，将红军纪念日改称为中国人民解放军建军节。

1933 年 8 月 1 日这天，瑞金的百姓比平时要忙碌许多，家家户户都进进出出地忙活着。有的人在门前挂起了红灯笼，有的人在挨家挨户地分发红旗，还有调皮的小孩子扒着墙头对大人说："你看你看，大姐姐们在练习唱歌跳舞呢！"

他们这样忙碌，却不见有人抱怨。每个人都拥有着一个幸福无比的消息，迫不及待地想用行动告诉所有人。如果这时有外乡人拦住某一个人，向她询问这是在忙什么。她一定会开心地豁达："哎呀！你不知道吗？咱们红军晚上要举行庆祝活动，大家都在帮忙布置呢，你也快来帮忙吧！"

在部队里，全军官兵也在忙碌着。中革军委的三位领导人毛泽东、朱德、项英聚在一起，你看看我我看看你，好像在谈论着什么。他们神情愉悦，脸上有着掩饰不住的笑容，看起来不像是在讨论军情。

朱德说："我这套衣服已经是最新的一套了，裤脚本来破了个口子，不过已经拜托别人帮我缝好了。怎么样，还挺精神吧！"

毛泽东整了整自己上衣的领子说："幸亏是让别人给你缝，要是你自己缝，别人肯定以为你在裤脚上绣了朵花。"

项英听了毛泽东的话哈哈笑起来，接着说道："一想到晚上阅兵，我就觉得比平时带兵打仗还紧张。"

原来，这三位要在晚上的庆祝活动上进行阅兵。这第一次阅兵，让平时战场上叱咤风云的三个人紧张得够呛，整理着装就耗费了大半天。这时陈毅推开门，好笑地看着他们，调侃道："我说三位，打扮好了快来和我们再核对一遍晚上的流程吧。"

这一天是天气晴好，万里无云。城中军民的脸上洋溢着欢乐的笑容，整个瑞金都放仿佛被笼罩在一片澄净的欣喜之中。平日里令人烦

◎瑞金红军检阅台旧址

躁的蝉声也不再那样恼人，在这一刻变成了欢快的乐曲。

为了防止敌机轰炸，庆祝活动中的阅兵式项目定在晚上 17 时到 19 时半进行。

晚 17 时，阅兵式准时开始。百姓和部队官兵共同组成的乐队奏起雄壮的军乐，礼炮也同时升上天空，划破黑夜，将阅兵式的广场上映照得犹如白昼。毛泽东、朱德、项英三位领导策马而行，检阅长达六百多米的红军队伍。这犹如长龙般的红军队伍，战士们各个精神抖擞，口号声洪亮震天。

这之后，广场上又进行了宣誓、授军旗、授奖章的活动。最后一个项目就是军民联欢。百姓们组织了合唱队、歌舞队，他们用嘹亮动人的歌声，唱出了对共产党与人民军队的感谢；他们用优美的舞蹈，跳出了对共产党与人民军队的热爱。

这一晚，是不平凡的一晚，是充满了喜悦的夜晚。在被黑暗笼罩的夜晚，共产党的军队和百姓欢聚在一起，用蜡烛、用篝火，用对革命无比忠诚的心，战胜了黑暗，创造了光明。在这一刻，也许革命没有完全取得胜利，周围仍存在诸多危机，但共产党所领导的人民军队却无所畏惧，坚信希望，用自己的行动将“八一”二字，永久、有力地镌刻在历史的长河中。

第五章

千秋赞歌说英雄

在中国共产党的漫漫建军路上，有着许许多多英雄将帅的足迹。他们用自己的热血忠诚、金戈铁马，为人民军队的建军事业做出了诸多贡献。他们的事迹也被人们所铭记，传颂……

饭桌上的“军事行动”

1927年7月31日，南昌起义前夕。这天的南昌城一如往常，并没有什么不同。殊不知，在这看似平静的表面下，却涌动着滚滚暗流。

距离发动起义的时间越来越接近了，共产党方面正在紧锣密鼓的准备着。奇怪的是，在起义中担负着重要角色的朱德，并没有同其他人一起忙个不停。相反，他正在大士院32号房内大摆酒席，宴请宾客。

这是怎么一回事呢？朱德当时在共产党内虽还不是很有名，掌握的部队也不是很多，但是对革命的忠诚却是一等一的。他上过云南讲武学堂，受过正规的军事化训练，参加过护法战争，在滇军中很有名气。他当时任国民革命军第三军军官教导团团长和南昌市公安局局长。于是，他找到了周恩来，将自己的想法说了出来。他说：“别看我手上兵不多，但滇军中的军官们都还要给我几分面子的。为了起义的顺利发动，我想利用我的关系，在起义爆发前摆个宴，把南昌城里几个滇军的团长都请来，让他们无暇察觉暴动。”

周恩来一听，这的确是个好的提议，没有怎么犹豫就同意了，并嘱咐道：“在保障你自己安全的前提下，能多拖住他们一时就拖一时。”

朱德点了点头，郑重地答应道：“一定会尽最大力量完成这项任务。”

到了31日，南昌城中的几位团长都笑呵呵地迈进大士院32号的大门。32号院内灯火通明，还有几个歌女随着伴奏依依呀呀地唱着曲儿。朱德在屋内来回走动，四处招呼着各位团长。

客人到齐后，朱德也回到酒席上正式落座。饭桌上免不了敬酒划拳。在朱德蓄意的安排下，他总是多划拳少喝酒，几位团长喝酒都喝高了，谁也没有注意到朱德的这些小动作。有人搂着朱德的肩膀说：“玉阶兄，今天真是让你破费了。改天我也请你去我那喝酒。”

朱德笑着满口答应：“行，行。有时间一定去。”

一顿饭吃了两个多小时。酒足饭饱的各位团长，纷纷靠在椅子上，听着歌女用甜腻的嗓音唱着小曲小调，半醉半醒。朱德看看时间，离起义还有很长一段时间，不能让这场宴席到这里结束。朱德从椅子上坐起来，对几位团长提议道：“聚一次不容易，咱们凑两桌，打打麻将，如何？”

赴宴的团长有几个麻将迷，平时摸着麻将牌就不松手。他们听到打麻将立刻来了精神，高兴地附和着：“好好，好久没有摸麻将牌了，今天要和几把大的。”说着还拉着不好此道的团长也坐到了牌桌前。

朱德见几位团长上钩，心中暗喜，连忙叫人拿来麻将，开始玩起来。打麻将这种事情，就是打起来容易忘了时间，几位团长连表都不看，只记得盯着牌桌，脑子里除了麻将，什么都顾及不到了。但是，朱德清醒得很，他时刻注意着时间，对于麻将牌却没有那么在意，打了这么久，都没有胡过牌。

一个团长又胡了牌，笑得很开心，调侃朱德道："玉阶兄，你今晚手气不行啊。"

朱德装模作样地叹了口气，说："手气不行！再来再来，这回我一定要胡把大的回回本。"

突然，滇军中的一个副官急急跑来。一个团长看到，皱着眉教训道："不是说今晚不办公吗？跑来做什么？"

副官已经顾不得团长的教训了，急声说道："诸位长官，大事不好了。有消息来报，叶挺、贺龙的部队暗中集结，共产党马上要举行暴动了！"

此话一出，在场的滇军团长都是一惊。朱德也在心中暗叹：有叛徒！不过他表面上仍镇定如常，说道："现在这个局势，天天都说共产党要搞暴动，弄得草木皆兵。我看这次又是虚惊一场，还是继续打麻将实在。"

副官看朱德像是不信，忙说："朱总参，这次的消息非常可靠，绝对不是假消息。各位团长，还是赶快跟我回去吧！"

其他团长听后酒醒了大半，这种军情是宁可错信也不能错过。几位团长对朱德说："玉阶兄，今日实在是不能耽搁，这麻将改日再打。我们先告辞了。"

朱德心知此时再强留，就会引起怀疑了，况且他也要赶快向起义指挥部报告军中出现叛徒的事情，也就没有强留他们。他只是说："那几位还是快些回去吧，这事的确马虎不得。"

送走了几位团长，朱德也从后门马不停蹄地赶到南昌起义指挥部所在地——江西大旅社。他向指挥部汇报了叛徒的事情，并告诉他们此时滇军几位团长估计已经开始筹集兵马准备对付起义军了。周恩来等人得知此消息后，连忙召开紧急会议，决定南昌起义提前两小时发动。

◎油画：《南昌起义》

8月1日凌晨，一声枪响，划破了苍穹，一个新时代的序幕由此拉开。

举着红旗上井冈

1928年8月，彭德怀、滕代远胜利举行平江起义后，成立了中国工农红军第五军。彭德怀听说了毛泽东与朱德在井冈山胜利会师的消息后，非常振奋，决定率部队奔赴井冈山，与朱、毛二人汇合。

但是，奔赴井冈山的道路并不平坦。平江起义结束后，红五军有两千多人，而国民党反动派为了阻止红五军与井冈山的朱德、毛泽东汇合，集结了十几个团的兵力一路追击红五军。一路上，红五军跋山涉水，一边应付艰苦的行军，一边要时刻提防身后的追兵，边打边走，

◎红军时期的彭德怀

◎平江起义中使用的军旗和武器

长时间下来，部队疲累不堪。

这一日，彭德怀率领红五军行进到江西万载大桥，突遭国民党三个团围攻。红五军完全没有想到此处会有敌军埋伏，匆忙迎战，战斗异常惨烈。最终，部队在彭德怀的指挥下，集中火力，杀出了一条血路，突破敌人的包围圈。不过，部队的物资丢失殆尽，人员减员也极为严重，全军只剩下五百多人。不得已，彭德怀只得带着这五百人退回平江、铜鼓、修水三县边境地区进行休整。

这次上井冈山的失败，对于彭德怀来说是极大的打击。部队休整期间，彭德怀常一人坐在一边思考。这一日，正在彭德怀苦思如何避开敌人主力到达井冈山时，滕代远走来了。滕代远当时是红五军的党团代表，彭德怀的得力搭档。

滕代远坐到彭德怀对面，也没有绕弯子，直接说道："别老是只想着怎么上井冈山，现在军中内部问题比敌情还严重。"

彭德怀收回思绪，带着疑问看向滕代远。滕代远见他注意力转了过来，继续说道："现在军心动摇，有几个士兵已经偷偷离队了。再不采取行动，我看部队就要散了。"

滕代远所说的情况，彭德怀是清楚的。部队遭受如此大的重创，部分战士对革命产生动摇是不可避免的。他也知道，只靠说已经不能打消战士们的担忧，必须以实际行动去证明希望是存在的。

就在这时，不远处正在休息的四大队中，有一个人猛地站起身，掏出腰中的枪，瞄准了彭德怀。电光火石之前，有人扑了过去，子弹划过彭德怀脚边的土地，留下了一个深深的痕迹。此时，开枪的人已经被警卫员压倒在地。开枪的人是四大队的队长雷振辉，经过艰苦的斗争，他已经对革命丧失了信心，便决定铤而走险，射杀彭德怀向国民党邀功。幸亏警卫员反应快，扑了过去，这才使他的枪射偏。

这件事一出，红五军的战士们都慌了神，不知该如何是好。雷振辉虽然已被枪决，但是军心也因为这个事件，再次动摇。彭德怀知道，再不做些什么，这个队伍就别想顺利到达井冈山了。

彭德怀将军中所有官兵召集到一起，他站在前面大声地讲道："你们都是从平江起义时就跟着我的。我们在平江起义是为什么？是为了革命！革命不是说说就行的，会吃苦、会流血，你们之中要是有谁怕死，受不得苦，可以离开，我不会阻止。即使队伍最后只剩下我一个人，我也要自己举着红旗上井冈山！"

彭德怀的一番话，大大鼓舞了军中士气，前几日的萎靡状态消失不见。同年 10 月，彭德怀率领部队再次向井冈山进发。

◎新城古城墙。1928 年 12 月 17 日，在新城西门外举行了庆祝红四军和红五军会师大会

最终，彭德怀、滕代远率领着红五军边打边走，翻越了重重高山，跨过了条条河流，冲破了敌军的封锁线，历时三个多月，行程数千里，终于胜利到达井冈山，进一步扩大了红军的力量。

无产阶级“孙武”展才华

行伍出身的刘伯承元帅，有“儒将”“军神”“当世孙武”之称。这和他刻苦钻研学问是离不开的。刘伯承上私塾时就以“头悬梁，锥刺股”的精神激励自己。加入共产党后，他曾被派到苏联学习军事知识。那时，刘伯承已经 36 岁，以他的年龄学习俄文，并且钻研俄国的

◎红军时期的刘伯承

军事著作是极为艰苦的事情，许多人并不看好他。没想到的是，刘伯承凭借着自己的努力与天分，用了两年的时间，不仅能说一口流利的俄语，并且可以胜任翻译俄国著作。

1930年春末夏初，刘伯承经由满洲里秘密回国，到达上海。虽然当时上海被白色恐怖所笼罩，但共产党人仍坚持着地下工作，从未放弃革命。刘伯承被这些英勇无畏，坚持革命的共产党人所感动。在上海党组织的介绍下，刘伯承得知毛泽东、朱德同志已经建立起共产党领导的中央苏区，革命形势一片大好。刘伯承按耐不住自己激动的心情，恨不得身后长出一对翅膀，立刻飞到中央苏区，与毛泽东、朱德等同志一起并肩作战。

然而，刘伯承并没能如愿，他到达上海接到的第一个任务就是翻译外国军事著作。刚接到这个任务的时候，刘伯承心里有些失望，并为此找周恩来谈过话。周恩来告诉他："翻译军事著作，将马克思、恩格斯、列宁等人的军事著作，介绍给党内负责武装斗争的同志，让更多同志有机会学习到先进的军事知识、战争理论，让这些理论知识成为指导革命斗争的理论基础。这是一件极为有意义的工作。"

周恩来的一番话，让刘伯承茅塞顿开，欣然接受了这项翻译工作。

刘伯承化名"林直木"，对外身份是教师，居住在上海愚园路一栋两层楼房里。刘伯承的翻译工作都是秘密进行的，所以也算是地下工作者。他的寓所，也成了共产党最早的地下翻译所。

翻译所中聚集着一群优秀人才，都是从苏联学习归来的共产党员，刘伯承算是他们的领导。翻译工作需要大量的资料文献，以及翻译工

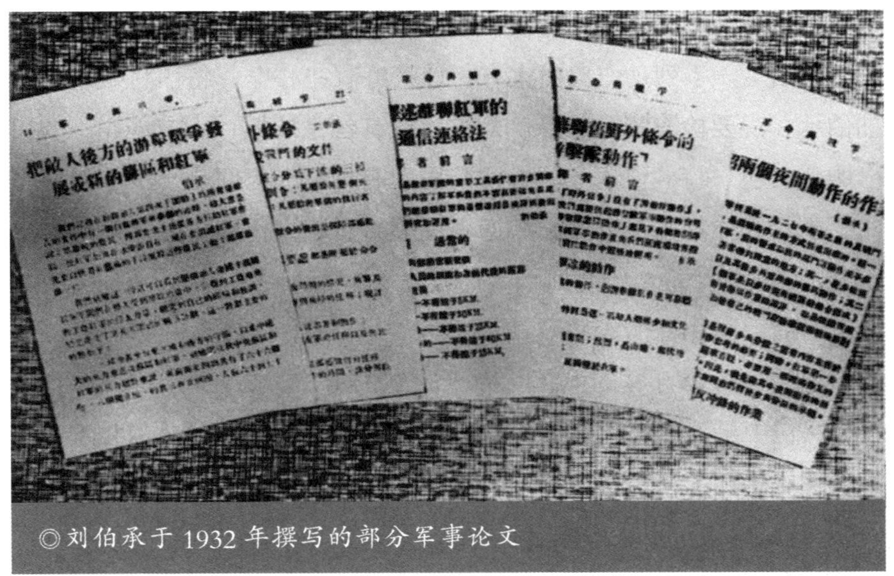

◎刘伯承于 1932 年撰写的部分军事论文

具书。但是，当时上海白色恐怖严重，俄文书更是犹如一颗炸弹，谁都不敢碰，都怕被当做共产党抓起来。没有文献资料如何怎么保证翻译工作顺利进行呢？刘伯承积极走关系，联络党组织，终于弄到了一部《俄汉词典》和一些参考书和资料，总算是满足了翻译工作所需要的基本条件。

刘伯承对待翻译工作是极为严格认真的。他曾说翻译外国军事著作是“关系国家安危、人民生命的国防大事，不可不严肃负责”，并经常告诫人们：“一字之差，会死人的！”他不仅要求其他人如此，自己翻译更是如此。他常常反复校对，斟酌用词，恨不得将一个词掰开了、揉碎了理解，总是力求达到最佳的翻译效果。

地下工作总是伴随着危险的。有一次，刘伯承与一位联络员约好时间地点接译稿。他们约在一家咖啡馆前见面，刘伯承远远就看到了联络员，刚要疾步上前，就发现联络员身边不远处有几个可疑人物，应该是特务。刘伯承暗道“糟糕”，此时自己已经引起特务的注意，如果转身就走，反而更引人怀疑。于是，他干脆将计就计，坦然自若地走到联络员身边，接过译稿，并自然地与联络员道别离开。

刘伯承一系列动作自然大方，让特务有些心虚，将信将疑地拦住刘伯承，说要检查随身物品。刘伯承没有丝毫抗拒，大方地亮出的自己的公文包。特务瞥了一眼，发现里面有本书，封面是一个衣着暴露的女子，心中舒了一口气，心道：怪不得看起来可疑，原来是来拿见不得人的色情小说。没有抓到把柄，特务也就放刘伯承离开了。

刘伯承回到住所，将“黄色小说”从书包中取出，把封面一揭，就露出了一沓修订好的译稿。原来，刘伯承为了防止类似突发事件，在公文包中早就准备了一张黄色小书的封面，以备突发情况时作掩护。其他翻译工作人员听说此事后，都哈哈笑起来，佩服刘伯承的足智多谋和随机应变的能力。

在上海短短的几个月中，刘伯承主持翻译了《苏军步兵战斗条令》。翻译完成后，这部书被送到了各个根据地，成了红军的第一个军事条令，对共产党训练士兵、整顿军队都提供了非常重要的参考和帮助。

刘伯承戎马一生，即使在战火硝烟中，他也从没放弃过翻译外国军事著作。他一生翻译、校译和编译了数百万字的外国军事论著，为共产党提高军队素质，以及掌握现代化战争起到了重大推助作用。同时，刘伯承也为丰富和发展毛泽东军事思想作出了巨大贡献，成为中国现代军事翻译的开拓者和奠基人。

陈毅追军记

武汉军校中有许多共产党员，陈毅就是其中一个。后来，武汉军校全校师生改编为第二方面军教导团，成了一支由中共掌握的武装力量。南昌起义前夕，教导团的学员们奉中共之命，准备随张发奎第二方面军东进。当时是准备让教导团的学员支援南昌起义。

由于南昌起义提前爆发，当教导团到达九江时，整个局势已经发生了翻天覆地的变化。南昌起义的爆发，使国民党和共产党彻底决裂。教导团的学员是乘船到达九江的，刚下船就被张发奎的部队缴了枪。当时教导团的学员对这突来的变故有些茫然，陈毅也是如此。

大家正迷惑的时候，张发奎对教导团的学员讲道："就在前几天，贺龙、叶挺跟着共产党在南昌叛变了！现在国共已经分家了，所以，咱们部队中也要分一分。我知道你们之中有许多共产党人，我也不难为你们，可以放你们走，总之是不可能再留在我的军中了。"

南昌起义爆发了！陈毅听到这个消息非常兴奋，他迫切地想赶到南昌，追随起义军一起战斗。

教导团中虽然共产党员多，但是大家并没有暴露身份，所以张发奎也不好肆意驱逐。再加上叶剑英的力保，教导团虽被暂时缴械，但大部分共产党员仍旧是安全的。唯独陈毅等人的共产党身份是公开的，不能继续留在教导团了。于是，陈毅在妥善安排好教导团内地下党组织的工作后，与同样暴露了身份的共产党员肖劲连夜离开了九江。

◎红军时期的陈毅

陈毅和肖劲的目的很明确——去南昌。但是前往南昌并不容易。因为南昌起义的关系，国民党盘查很严，百姓家和旅店都不允许留宿当兵的。陈毅和肖劲只得花钱买了两件普通百姓的衣服换上。陈毅怕耽搁了时日，会再发生变故，没敢休息，连夜赶了 100 多里路。

8 月 5 日这天，二人终于来到了距离鄱阳湖不远的小镇姑塘。这个小镇的国民党管理比较松懈，陈毅与肖劲终于搭上了前往南昌的客船。

陈毅、肖劲二人是在8月6日晚上到达南昌的。他们一到南昌就立刻按照原来留下的方法，试图与组织取得联系。他们赶到接头地点，却发现已经人去楼空。不仅如此，南昌城内四处都是国民党设的关卡。陈毅的心顿时一沉——起义军怕是已经撤离南昌了！

为了不引起注意，陈毅与肖劲没有四处打听，也没有在街上四处闲逛，而是进了一家小茶馆。傍晚茶馆的生意正好，许多人吃完饭，都跑来茶馆坐一坐，和周围人聊聊天。所以，这种聚集着普通老百姓的茶馆是最佳的消息获取处。

陈毅与肖劲挑了中间的一个位置坐下，周围几桌的谈话，他们都可以听到。陈毅要了一壶茶，与肖劲一边喝茶一边听周围人的闲聊。

茶馆里总是热热闹闹，说什么的都有。陈毅左边那桌刚刚还在说自己孩子的趣事，现在又突然换成哪家富商得罪了权贵破产了。肖劲听得有些不耐烦，想走。陈毅示意他耐心留意。不一会儿，坐在肖劲后面的那一桌忽然有人说道："那天晚上的枪声听见了吗？"

另一人说："能听不见吗？枪声像爆豆似的，就没停过，吓人啊。"

"哎，听说是闹起义。要是我说啊，闹得好，现在这日子不太平，今天打那个，明天打那个，能不闹革命吗？"

"瞧你说的这么眼热，你也去闹好了。"

"小点声！这话可不能乱说，现在提一提都有可能掉脑袋。"说完，那人就嗑起了瓜子。陈毅以为他们不会再谈了，不料那个人又问道："也不知道那股起义军跑哪去了。"

"听说往临川方向走了……"

终于听到想知道的消息了，陈毅与肖劲相视一笑，抓了一把瓜子，付了帐，离开了茶馆。

离开茶馆后，陈毅与肖劲也不准备在南昌久留，他们要连夜动身，

◎陈毅在抚州赶上南昌起义部队，任起义部队团指导员，图为新四军中参加南昌起义的部分干部合影。右一为陈毅

去追赶起义部队。不过，当时南昌船只排查也很严格，晚上出船必定会受到审查的。陈毅与肖劲只能在码头的一个破船里睡了一夜。第二天天一亮，他们就找到一个好心的船夫，将他们送到离临川不远的李家渡。

几经周折，陈毅与肖劲终于在 8 月 8 日这天，追上了起义部队。陈毅很快就与周恩来、刘伯承等人见了面，心中别提多高兴了。他跟周恩来说："很久没有这么急地赶路了，觉都没怎么睡。"

当时起义部队行军状况并不理想，因为国民党追兵不断，起义军行军过程中面临着大大小小的战斗。行军过程又苦又累，不过陈毅却并不在乎，只要能找到大部队，跟着党的军队走，怎么样都是开心的。

不过没多久，周恩来、贺龙等人决定派陈毅与肖劲留在临川城内，与赣南地区一支自称“农民建国军”的农民武装取得联系。这本是个简单的任务，那支农民武装也已同意与中共合作，只等对方派出代表，双方再细谈一下就可以了。想不到的是，起义部队离开临川没多久，国民党的追兵便来到了临川。陈毅感到不妙，那支农民武装到现在还迟迟不来，恐怕是已经变节了，连忙叫上肖劲趁夜色偷偷从临川城离开。

陈毅、肖劲又踏上了追军的路程。这次他们一夜急行五十多公里，终于在 8 月 13 日再次追赶上起义军大部队。归了队，陈毅找到周恩来，装作很委屈的样子，说道：“我可真不想在后面追着跑了，我这鞋都换了两双了。”

周恩来也明白陈毅的辛苦，笑了笑说：“不让你追在后面了。你去做第十一军第二十五师的主力七十三团的指导员，怎么样?”

这个团的前身是叶挺的独立团，是共产党掌握的第一支革命力量。陈毅听后，毫不犹豫地答应道：“我愿意!”

就这样，陈毅的追军记，到此也就告一段落了。

贺龙的选择

1927 年 6 月，武汉暑气逼人。然而，此时的武汉，比暑气更加燥热的是国共双方紧绷的关系。当时，白色恐怖已经席卷全国，汪精卫的态度也渐渐倾向国民党右派。共产党面临着前所未有的严峻形势。

在恶劣的环境下，许多国民党左派为求自保，或者倒向右派，或是保持中立。但有一个人除外——贺龙。贺龙的二十军在全国都是声名赫赫，但是他一向“独来独往”，并不明确表示倾向哪一方。在此时这个“分共”大环境下，各个势力都想要拉拢贺龙，使其成为自己的助力。

◎红军时期的贺龙

贺龙家的门槛都快要被各派势力的说客踏平了。蒋介石发动“四·一二”反革命事变，公开背叛革命时，贺龙表现出了极大愤慨，后来更是出师东征讨蒋。不过，即便贺龙的敌意如此明显，蒋介石仍想拉拢贺龙，对贺龙恩威并重，甚至不惜派参谋长朱绍良利用黔军关系，秘密向贺龙派出说客。唐生智也不甘人后，一边派兵压制着贺龙，一边派出胞弟唐生明和叶琪二人游说贺龙。汉口卫戍司令李品仙也向贺龙抛出橄榄枝。除了高官厚禄，蒋介石还大方的表示，如果贺龙拥蒋，就在南京修建一幢大洋楼送他。

面对这些利诱，贺龙不为所动，每次会见说客都不胜其烦。这日，又有人来报，说有两位周先生来访。贺龙本听到有人来访，刚要发火，一听是两位周先生，心想不会是那两位周先生吧。贺龙忙说：“快请。”

不一会儿，两个姓周的先生就来到了屋中。贺龙一见，控制不住地朗声笑出来。来的人正是周逸群与周恩来。贺龙与周逸群早已熟识，贺龙经常听周逸群提到周恩来，早就想见上一面了。贺龙热情的招呼道：“真的是贵客临门啊！您就是周恩来先生吧，常听逸群提起你。”

周恩来见贺龙如此热情，也笑着说：“我是。逸群提起我什么？是不是说我欠他钱的事情了？”

贺龙被周恩来的风趣幽默所感染，三人有说有笑地进入书房落座。

◎1927年6月贺龙任国民革命军第20军军长。图为20军军部会议室

一阵寒暄后，彼此都有一些惺惺相惜。周恩来也不拐弯抹角了，直接表明共产党准备发动暴动，想要获得贺龙的支持。贺龙听后，并没有立刻答应，而是对周恩来说出了自己的疑虑。他说："政治上，共产党是比国民党强许多，但在军事上就要差一大截子了。据我所知，你们过去没有直接掌握过军队。"

周恩来听后，点点头："是的，这是事实。过去由于中央的一些错误领导，使我们一直忽视了军事方面。但是这次起义，就是我们准备转变的开始。军事上的优势，没有政治做主心骨是靠不住的，而我们共产党已经拥有主心骨，就是不知道您愿意不愿意帮我们添砖加瓦，组建起自己的军队，为纯粹的革命而战斗。"

周恩来的一番话，对贺龙触动很大，他几乎立刻就答应道："好！

我决定了，就跟着共产党一起干革命!”

贺龙对共产党的信任并不是一时兴起，早在大革命初期，贺龙就已经接触了马克思列宁主义思想，对坚持马列主义的共产党心生好感。北伐战争时期，周逸群曾带着一支宣传队到贺龙的部队开展宣传工作。那时候贺龙就非常热烈地欢迎了周逸群的宣传队伍，并经常与周逸群交流。贺龙甚至向周逸群表示自己想要加入共产党，但出于各方面原因，周逸群并没有立刻答应。不过贺龙依然非常器重周逸群，周逸群也继续帮助贺龙在部队中开展政治工作。长时间的相处与交往，二人对彼此都非常信任，成为了亲密无间的朋友。一直到南昌起义为止，周逸群一直在贺龙部队担任政治部主任。这也是共产党如此看重贺龙的原因之一。

贺龙下决心跟随共产党后，并没有四处张扬。当时白色恐怖愈演愈烈，各个部队中“清党”“分共”事件频频发生。许多工人纠察队，共产党员身份的战士，都被缴械解散。相反，贺龙的二十军不但不搞“分共”、“清党”，反而秘密接受了许多被缴械解散的共产党人。

周逸群常向贺龙汇报：“军长，武汉的工人纠察队被缴枪了，有一批人想到咱们军中来。”

正在看文件的贺龙，头都没抬，说道：“想来就来，不要客气。”说着，又抬起头看向周逸群，补充道，“你知道，我最欢迎的就是共产党的人了。”

就这样，贺龙秘密接受了许多本该被解散缴械的共产党人，极大程度上帮助共产党保留了一批武装力量。这些人，在南昌起义中英勇奋战，创造了一段震惊世界的传奇历史。

徐向前在海陆丰的岁月

夏天到了，距离海丰城不远的山区，已经呈现出一片浓郁的绿色。这一副生机勃勃的景象，却无法吸引徐向前的视线。他看着山下被烈火烧尽的村庄，不禁想起广州起义结束后，他随红四师初到海陆丰时的情景。

那时刚经历过广州起义，队伍疲劳不堪。当部队到达海丰县城后，那种疲态几乎消失不见了，整个城市都弥漫着革命的气息，使每一名战士都为之振奋。海丰是东江人民心中的红都，群众对革命有着较高的认识，他们对革命队伍充满了热情。

红四师刚一进海丰县城，就受到了当地百姓的热烈欢迎。徐向前想，他大概永远也不会忘记当时的情景：百姓挤在街道两旁，大声地欢呼着，庆祝着。家家户户门前插着的红旗迎风招展，远远望去犹如翻滚不息的红浪。两旁建筑物上写着“打倒土豪劣绅实行土地革命”的红字标语。当时，红四师的官兵有了回家的感觉：热情的百姓给他们送吃的，找住宿的房屋，虽然语言不通，但是只是用手比划，就可以传达彼此间的感情。军民因革命联系在一起，相处如亲人。徐向前每次想起，都仿佛能感受到当时心中油然而生的那份温暖。

◎红军时期的徐向前

好景不长，国民党对海陆丰红区的不断扩大感到担忧，调集了数万兵力向海陆丰发起猛攻。由于当地共产党组织对客观形势估计不足，不愿放弃县城等城市，与

◎图为广州起义时工人赤卫队

国民党大军反复交战，致使红军损失惨重。

国民党为了彻底消灭革命力量，对海陆丰多个村镇丧心病狂地实行了“横扫千里赤地”的手段，将山区附近的村镇全部化为灰烬。在国民党一系列赶尽杀绝的政策下，困守山区的徐向前仅剩下四百多人的工农武装。

屋漏偏逢连夜雨。几天前，师长叶镛因患了严重疟疾，无法随军转移，隐蔽在山间草棚中，但最终还是被敌人发现，英勇就义。这件事对徐向前打击很大，但同时也激励了徐向前坚持革命的决心。他看着被烧毁的村庄，想着叶镛的牺牲，心中暗暗下定决心：誓死要将革命坚持到底！

部队中虽然只剩下四百多人，但这四百多人都是对革命无比忠诚，战斗力强的战士。徐向前将他们召集到一起，对他们说：“困难是暂时的，只要坚持，胜利终会属于我们。国民党围山这么久，却从未真正将我们打垮。我们是有着野草一般韧劲的军队。春风一吹，我们又会精神百倍，为革命英勇奋战！叶师长牺牲了，但我们要带着叶师长的信念战斗到底！”

就这样，徐向前带领着队伍继续在山区坚持游击战斗。饿了就吃野菜、野果，没有遮挡风雨的地方，就自己找材料搭草棚。那时国民党还会用飞机向山区洒劝降的宣传单，徐向前就组织战士将宣传单收集起来点火用。在一次游击战中，有个战士无意间发现了一个天然温泉，报告给徐向前。徐先前一听大喜，对战士们说："咱们这是皇帝级别的待遇，不仅整座山是咱们的'洋房'，没想到这'洋房'还有温泉!"战士们都被徐向前幽默的话逗得哈哈笑起来，完全没有了被围困的萎靡之气。

这种对革命的乐观主义精神，其实也就是共产党领导军队战无不胜的原因之一。因为一切困难在他们来说，都是胜利前夕的考验。这些考验，是没有克服不了的。

行军路上的入党仪式

经过秋收起义的失败，毛泽东对共产党领导军队的问题有了进一步认识。在三湾村，毛泽东对部队进行了改编。三湾改编初步解决了如何把以农民及旧军人为主要成份的革命军队建设成为一支无产阶级新型人民军队的问题，保证了党对军队的绝对领导，奠定了政治建军的基础。

罗荣桓当时是中国工农革命军（后改称工农红军）第一军第一师第一团特务连党代表。自从秋收起义部队经过三湾改编，命名为工农革命军，罗荣桓对革命又有了新的认识。秋收起义的失败，也没能影响罗荣桓对共产党领导的革命的坚定信念。他一直非常钦佩毛泽东的才干，对毛泽东提出的"支部建在连上"，他是举双手赞同的。

三湾改编结束后，部队继续行军。罗荣桓所在的特务连一直跟随毛泽东沿湘赣边界南下。这一路国民党不断派兵进行骚扰，一路上大小战斗不断。罗荣桓一边参与战斗，一边沿途进行宣传工作，将更多

◎红军时期的罗荣桓

的精力放在连队建党上面。特务连中党员不多，许多普通战士连团员都不是，发展党员，建立党支部的需要极为迫切。

罗荣桓待人和善，虽然是党代表，但一点官架子都没有，同战士们同吃同睡，战士们都很喜欢他。有一次部队原地休息，大家围着罗荣桓一起谈话，罗荣桓告诉大家，他准备在连队中发展几名党员。大家一听都很振奋，纷纷踊跃报名说要入党。

罗荣桓见大家入党热情这么高，很开心，笑着说道："入党可不是儿戏，成为党员，就要处处以党员的标准要求自己。要能吃苦，不怕牺牲，时刻想着为人民服务。"

一个小战士说："您看我能入党吗。我这人就是吃得多，总是饿。不过我真的一心跟着党干革命。"

罗荣桓听了哈哈笑了起来，对那位小战士说道："吃得多又不是缺点，吃得多长大个子。只要对党忠心，坚持革命，经得住考验的同志，都可以成为共产党员。"

经过罗荣桓的一系列宣传，特务连的战士都踊跃申请加入共产党。罗荣桓经过再三考虑，从中选了八名发展对象，让他们填写了入党表格，准备将他们发展为特务连第一批党员。

1927 年 10 月 22 日，部队进驻江西省遂川县的大汾。大汾远离国民党控制的大城市，敌情并不严重，部队决定在此进行休整。罗荣桓决定趁此机会，为特务连的八名战士举行入党仪式。

当天晚上，罗荣桓借用老乡家的一个阁楼举行了入党仪式。罗荣桓一个人对阁楼进行了简单的布置。在阁楼的前方正中间，摆了一张桌子，桌沿压了一张红字，红字一直垂到地面，上面用毛笔写着“C.C.P”三个英文字母和入党誓词。在桌子的前面放了几张破旧的条凳。

会场刚布置完，八名新党员就来到了。几个人满脸通红，腼腆地笑着，不知道的还以为今天要办喜事呢。罗荣桓招呼八名新党员在条凳上坐下。几个人正襟危坐，很是紧张。罗荣桓揶揄他们说：“不要这么紧张，你们今天又不是来当新郎官的。”几个战士听了哈哈笑了起来，紧张的情绪得到了缓和。

说笑间，毛泽东、曾士峨、张宗逊三人也赶到了。入党仪式开始。罗荣桓作为主持，率先开口，他先向八名新党员介绍道：“这里写的‘C.C.P’是中国共产党的缩写。”之后，他又向几位党员重复了党的宗旨、方针、党的纪律原则，几名新党员也分别谈了自己的入党动机、决心。接下来，就是要宣读入党宣誓词。宣誓词由毛泽东领读。

毛泽东站在会场前方，右手握拳高举在脑侧。八名战士也随着毛泽东一起举起右手。毛泽东缓缓开口，带领八名新党员高声宣誓道：牺牲个人，严守秘密，积极斗争，努力革命，服从党纪，永不叛党。”

桌子上的煤油灯发出昏黄的光亮，映照着写着入党誓词的红纸。整间小小的阁楼，仿佛已经被温暖明亮的红色所填满。

新中国成立后，罗荣桓曾回忆道：“党的支部建在连上，小组深入到班排，现在看起来没有什么，但是从总结历史经验来看，意义是伟大的……毛主席提出支部建立在连上，小组设在班排，与群众直接联系，这对于加强党对军队的领导起了决定作用。”

在白色恐怖下的聂荣臻

广州起义失败后，聂荣臻、叶剑英、恽代英等人相继转移到香港。香港在帝国主义的统治下，国民党虽未直接插手，但对共产党人的迫

害依然极为严重，整个香港都笼罩在白色恐怖之下。

◎红军时期的聂荣臻

在香港进行地下工作的共产党员，每天都生活在危险之中，时刻都有被捕的可能。聂荣臻也是如此。为了保障安全，他不得不经常搬家。有一次，聂荣臻的居所被特务盯上了，他只得连夜搬家。为了不影响工作，他将新住所的地址写在一张纸条上，交到了地下联络站。没想到的是，聂荣臻刚离开没多久，这个联络站就被一群特务查获了，聂荣臻那张写着地址的小纸条也落到了敌人的手里。

傍晚，聂荣臻从叶剑英的住所往回走。天色渐黑，家家户户都亮起了灯光，聂荣臻渐渐走到了自己的住所附近。忽然，聂荣臻看到房东正在往楼下搬行李。这引起了聂荣臻的注意，他又向周围看了看，发现他的住所周围有几个陌生人游荡。聂荣臻几乎立刻嗅到了危险的味道。他又镇定地向房东的方向走去，每走一步，他的脑中都在急速地运转着。房东发现聂荣臻回来了，一边继续搬东西，一边隐晦地对聂荣臻使眼色。见状，聂荣臻确定了心里的猜测。但此时他还不能转身离开，这样只会更加引起特务的注意。他没有停下脚步，继续向前走，直到与房东擦肩而过，从门口徘徊的特务身边走过。聂荣臻的泰然自若没有引起特务的注意，成功逃过了一劫。

经过聂荣臻、叶剑英等人的努力，香港的地下工作渐渐有了起色。党组织也初具规模，渐渐要走出大革命失败后所遭受的一系列重创的阴影。不久，五一劳动节即将到来，负责中央工作的李立三向香港的共产党人下达命令，要求他们在五一劳动节这天联合当地工人进行大游行。

◎聂荣臻在红一军团党的积极分子会议上讲话

李立三虽然对革命充满热情，但是他的脾气太过急躁，对革命形势估计不足。在五一节的前一天晚上，聂荣臻就感觉不安，他觉得党中央对香港当地革命形势并不了解。香港工人经过省港大罢工后，受到了当地政府的血腥压制，工人运动一直处于低迷状态，此时并不适合举行声势浩大的游行。可是，中央传达的命令又不能不服从，到底该怎么办呢？

第二天凌晨，聂荣臻匆匆赶到了游行的集合地点。到那里一看，聂荣臻的心中一沉，眉头锁得更紧了。来参加示威游行的几乎都是共产党员和干部，有的还是区委的负责人，几乎没有一个普通群众。聂荣臻看到这里甚至有些愤怒，这哪里还是游行，都变成共产党“当街示众”了！

聂荣臻急忙找到这次游行的负责人邓发，说道：“今天这个游行不能举行，必须取消！”

邓发被聂荣臻这的语气弄得有点不知所措，含糊地说道：“可是这是中央的命令啊……”

见邓发还在迟疑，聂荣臻更加着急了，声音都提高了，说道：“香港这边的工作刚刚步入正轨，渐渐有了个规模。你看看今天来的这些人，全是组织里的骨干。让这样一群人去游行，那不是等于把自己绑着送给敌人吗！”

邓发听后，也觉得举行这次游行不妥，但是中央方面他又不知如何交代。聂荣臻见他支支吾吾，知道他在担心什么，一拍桌子，说道：“你下命令取消这次游行，中央那边，我负责解释。”

就这样，这次危险的示威游行活动取消了。聂荣臻虽然受到了李立三的批评，但是他却保护了香港地区的党组织，从而保护了许多从广州转移到香港的革命火种。

叶剑英“卧底”工作的二三事

叶剑英最初并不是共产党人，他从云南讲武堂毕业后就一直追随孙中山先生，投身于民主革命。跟随孙中山先生革命期间，叶剑英出生入死，多次勇立战功，北伐战争时期更是被任命为国民革命军第四军参谋长，是国民党中的显贵人物。

不过叶剑英并没有沉浸在自己的威名和舒适的军官生活中。在黄埔军校任职时，叶剑英接触了马克思列宁主义，并认为马列主义是最适合解放中国的思想，共产党的革命是更纯粹的，更适用于中国的道路。不过可惜的是，由于他是国民党高级将领，共产党当时并没有吸收他入党。

◎红军时期的叶剑英

不过，叶剑英并没有因此与共产党擦肩而过。国共合作的北伐战争开始后，国民党军队中旧军阀习气愈加明显：阶级等级分明，官员贪污腐化，争权夺利严重……叶剑英时常想，中国还笼罩在贫穷落后的黑暗之中，国民党的官员怎可自私地享受荣华富贵？相较国民党，共产党人呈现出完全不同的姿态。北伐中，共产党人在行军过程中与士兵交流谈心，关心战士，同战士们同食同寝，没有丝毫官架子。共产党人的这种表现，深深地打动了叶剑英的心。1927 年，在白色恐怖最为严重的时期，叶剑英毅然加入了中国共产党。

叶剑英是秘密加入共产党的。不仅国民党内没有人知道，就连共产党内都没有几个人知道。叶剑英按照组织安排，依旧留在国民党工作，做起了共产党安插在国民党中的“卧底”。

以叶剑英在国民党军中的地位，得到重要情报可谓是信手拈来。南昌起义前，汪精卫阴谋加害贺龙、叶挺，多亏叶剑英及时传递情报才使叶挺、贺龙躲过一劫，从而保护了南昌起义的主力。

南昌起义爆发后，叶剑英非常激动。他多想和其他共产党人一起为革命战斗。但是为了更长远的打算，他只能继续潜伏于国民党内部，尽其所能地保护革命力量。与叶剑英的激动不同，其他国民党军官则是震怒不已。尤其是叶剑英的“上级”张发奎，眼看着部下一个军和近两个师的部队跟着共产党跑了，气得暴跳如雷。他立即在九江召集黄琪翔、朱晖日、叶剑英等高级军官开会，商讨对策。

盛怒中的张发奎想要追击起义军，其他几个高级军官也表示支持。此时，叶剑英的心中焦急万分：如果张发奎率兵追击起义军，那么起义军很有可能要面临前后夹击的危险，后果不堪设想。叶剑英内心焦急，表面上却极为镇定。他知道张发奎一直有心想要回到广东，东山再起，于是他向张发奎分析道：“共产党是要南下广东。广东的李济深肯定要派兵出击，在李济深和共产党交战之际，广州城内必定防守空虚，这不正好是咱们南下广东的大好时机。到时候咱们可以打着“援师讨逆”的旗号，正大光明地直取广州。这可比追着共产党打要好多了。”

叶剑英一番话说到了张发奎的心坎里。他平静下来一想，损兵折将地追击共产党的确捞不到什么好处，于是采纳了叶剑英的意见，放

弃追击共产党。这样，南昌起义军减少了被追击的压力，从而迅速打开了南下广东的通道。

叶剑英的“卧底”时期，暗中做了许多协助共产党的事情，其中有一件就是保护“革命火种”。

事情是这样的。在张发奎的第二方面军中有一支教导团。全团有三个营，以及炮、工、辎重、警卫各一个连，另外还有一个女生队。教导团可谓是个红色团，陈毅元帅当时也是教导团中一员。不过，由于当时局势动荡，白色恐怖严重，团中的党组织只能在暗中偷偷运作。

南昌起义爆发后不久，张发奎也揭掉左派的面具，在军中下令“清党”。教导团中陈毅等暴露身份的共产党人，被迫迅速转移。白色恐怖如此严重，天天都可以听到屠杀共产党员的消息，教导团中人心惶惶，许多尚未暴露身份的共产党人，意志渐渐开始动摇。

一直默默关注着教导团的叶剑英将这一切看在了眼里。他深知教导团是中共组织所能掌握的重要武装力量，无论如何也不能看着它垮掉。叶剑英很想立刻去教导团中开展工作，但在这样的敏感时期贸然前去，必定会引起张发奎的疑心。叶剑英心中百转千回，却想不到合适的办法。

这一日，叶剑英刚从张发奎那里回来，在路上碰到了教导团团长白鹰。叶剑英见白鹰脸色不好，心中一动，主动走过去搭话：“怎么愁眉苦脸的？不是刚接手一个团吗？”

白鹰见是叶剑英，也不避讳，直言道：“别提了。教导团现在就是个烫手的山芋，现在我接手这个山芋，能不愁吗。”说着，又叹了口气。

叶剑英一听白鹰的语气，心中暗喜，表面上却装作毫不在意，开口说：“不就是一个教导团么，能有多难带。你要是不乐意，我替你接了。”

一听有人要接手教导团，白鹰大喜，连忙确认道：“你可是说真的？”

叶剑英承诺说：“这有什么好开玩笑的，你要不放心，我这就去申请。”

就这样，叶剑英又回去找张发奎，向他说明白膺不愿再兼教导团的团长。张发奎这几日都在为教导团的事情犯愁，一听白膺不愿做团长，心里更是气急，说要解散教导团。叶剑英当然不能让教导团解散，连忙说：“就算现在看起来有些不稳定，但毕竟是一支优秀的武装力量，解散了就是损失。先留下来，慢慢改造，日后一定会派上用场的。

张发奎点点头，也觉得叶剑英说的有理，但一想到白膺，又皱起眉来，说道：“可是团长都不干了。”

叶剑英顺势毛遂自荐道：“那我来当好了。”

张发奎觉得叶剑英能力的确优秀，让他兼职教导团团长的确合适。于是不疑有他，欣然同意了叶剑英的请求。

叶剑英在军中很有威望，教导团的官兵听说由叶剑英来当团长都非常高兴。叶剑英不像其他国民党军官有“官架子”，待人平易，官兵都非常喜欢他，也爱告诉他各种事情。通过了解，叶剑英知道团中动荡不安的情绪仍很严重，就多次召开会议，耐心地进行劝导工作。他对团中官兵讲解国内军阀割据的局势，向他们讲述革命的道理，他还说：“革命任重而道远，不会一朝一夕就能完成。一时的挫折，都是通往革命成功的道路。等克服了一切困难，革命必将会成功。”

叶剑英没有宣传任何共产党的思想，却又同时向团中的共产党人传达了革命信息，许多共产党人，就是因为听了叶剑英的讲话，又重新看到革命的希望，坚定起革命的决心。

这之后，在叶剑英的努力下，教导团不仅没有被不怀好意的国民党反动派解散，反而不断壮大。最终，这簇“革命火种”得以保留，并在共产党发动广州起义时，成为起义军的一股强大力量，立下汗马功劳。

第六章

亲历与回忆

中国共产党中许多英勇将帅，追随着党的脚步，一路从建军走到最后的胜利。他们的光辉战绩都成为后世的宝贵财富。现在，就让我们跟随他们的视线，回顾那一段段艰辛而又辉煌的岁月。

聂荣臻：南昌起义的南下之路

八月三日，我军开始南下。

◎聂荣臻

劳师远征，兵家之忌，又值暑天，骄阳似火。部队马不停蹄地在烈日下南进，途中给养、饮水等操办得又差，疲惫疫病，造成严重减员，不仅把炮丢了，其他武器弹药也丢了不少。再加上一出南昌就跑了蔡廷锴的一个师，部队的情绪不能不受影响。

南下途中，经临川、宜黄、广昌等地，在向瑞金前进的路上，于壬田市打了一仗。这是我们南下以来的头一仗。先头部队是贺龙同志的二十军，和敌人钱大钧部的两个团遭遇后就是一阵猛打，虽然把敌人打跑了，但自己也损失很大。

壬田战斗后，我军进占瑞金。听说在会昌有钱大钧的一个师，壬田的敌人也退到会昌，我们便又集中力量去攻击会昌。八月三十日会昌战斗展开，战斗很激烈，主要参战部队是二十四师和二十五师，二十军也参加了。我和恩来、叶挺、伯承都在一个山头上指挥。经过激烈的战斗，虽然击溃了钱大钧的主力，但我军伤亡一千余人，干部伤亡也很大，陈赓同志就是在这次战斗中负重伤的。

击溃了钱大钧的主力，我们就占领会昌。占领会昌后的一天，我正在午睡，听到外边又打了起来，后来知道是黄绍竑的部队，从洛口开来，和我军遭遇。我们一发现敌人，就组织反击，黄昏的时候，把敌人打退了。经过这几仗，我深感起义军的勇敢精神是不成问题的，但我们这些人都很年轻，都缺乏战役战斗指挥经验，碰到敌人就是硬拼，所以往往一仗下来，把敌人赶跑了，歼敌不多，自己伤亡却很大。

会昌战斗后，我们又集结瑞金。当时，摆在我们面前的有两条路：一条是经会昌南下，由赣南走寻邬等地到海陆丰，然后到广州，这条路是捷径，距离最短。但我们没有走这条路，主要原因是有上千的伤员，还有许多辎重，运输非常困难，只好又折回瑞金，改进入闽，经汀州、上杭走水道，把伤员和辎重都装上船，沿汀江、韩江而下，没有碰到什么敌人。

九月二十四日，我军占领潮汕。可是，在向潮汕进军的时候，竟做出分兵的决定。由朱德同志指挥周士第的二十五师留守三河坝，箝制敌人。其实，今天看，为守三河坝而留下我们最强的主力师是完全不应该的。在潮汕，又进一步分兵，留下二十军的第三师（师长周逸群同志）守潮汕。这样分散兵力的结果，造成最后向揭阳进军的我军主力，只剩下十一军的二十四师和二十军的一师、二师（这两个师不满员），不足六千人，进到汤坑，与敌薛岳的部队遭遇，战斗非常激烈，相持不下。当我军与敌人在这里激战的时候，黄绍竑率两个师并指挥钱大钧余部，攻我潮州和三河坝。其目的是：攻三河坝在于箝制我军，不使我军南下；夺取潮州则能威胁汕头，切断我各部之间的联络，以分割我们，有利于他对我军各个击破。守潮州的第三师，是一个刚刚组建起来的部队，战斗力差，潮州遂为黄绍竑攻占，三河坝我军陷于孤立。以后，当汤坑我军失利时，三河坝也发生激战。朱德同志率二十五师南撤，打算靠近主力，但中途就听到主力受挫的消息，没有到汕头，就转道饶平，北撤福建武平地区。

汤坑战斗中，我们的部队很勇敢。双方隔着一个不大的山头，反复拉锯，你拿手榴弹打过来，我拿手榴弹打过去；你冲过来，我冲过去；我记得二十四师有个营长叫廖快虎，很勇敢，指挥部队和敌人反复争夺阵地，敌人冲了上来，部队拼光了，他坐在阵地上宁死不退，与阵地同归于尽。就这样，经过激战之后，敌我双方都伤亡很大，我们精疲力尽，只好撤出战斗。我们撤了，敌人慑于我军的勇威，不敢追击我们，也撤了。

……

到香港后，杨石魂同志同省委取得了联系，把恩来同志安置下来治病，以后他就走了。

杨石魂走时，我们匆忙中没问清与省委联络的暗号。我和叶挺去省委机关接头，由于不清楚接头的办法，穿着也不像样子，机关的同志不晓得我们是什么人，不与我们接头。我们不敢在街上活动，连饭馆也不敢进，就找了一个小饭摊，买了两碗饭和一点广东腊肠，匆匆忙忙吃完就走。到哪里去呢？没办法，只好找了一个小旅馆住下，买了衣服、鞋子，换了换，又洗了澡，理过发，这才敢上街活动。

这里有个笑话，我那个时候没有经验，不知道要带些钱，身上分文没有，怎么生活呢！叶挺同志有经验，他身上带着很多钱，腰里缠了许多票子。有一回，他掏出一张一百元的港币买东西，商人一看，说这张票子是假的。叶挺一听生气了，拿过票子，几下就撕碎了。我

◎南昌起义纪念塔

把他拉到旁边，低声说，老总呵，你怎么这样干呢？人家看你这样不在乎，一百元的大票子随随便便扯了，不怀疑我们吗！他解释说，我扯得有道理，不然，他怀疑我用假票子，找来警察不就更麻烦，我扯了，就没事了。说着，我们就赶快离开了那里。

后来，我俩又重新调换了旅馆，改变了装束，这才开始同组织联络。

叶挺打算在香港安家，不久把家属从上海接到香港。我独身一人，活动很方便。同省委接上关系后，我就调到广东省军委工作。

南昌起义的主力，在汤坑、流沙受了挫折，但是，十一军的两个师，由于党的工作基础强，并没有溃散。二十四师余部在董朗同志率领下，到了海丰，和当地农民运动相结合，开辟和坚持了海陆丰根据地。关于二十五师的情况，在我抵达香港不久，二十五师的杨心余来到香港，他向我汇报起义失败后这个师的情况：他们退到武平时，遭到钱大钧的第十八师追击，我军本来占优势，但师长下令退却，退却行动又计划不周，损失很大。这时部队还有一千五百多人，一千五百多支枪。退到信丰，部队疲劳已极。由我们派出追赶部队的赵自选同志又没赶到。周士第等一些师、团干部先后离队（周士第同志不久来到了香港），有些中下级军官和士兵也自动离队。面临这种困难和混乱的情况，朱德同志非常坚定，他把部队改编为四个支队，并对大家说："如你们不愿继续奋斗者，可以走出，只有十支八支枪，我还是要革命的。"我听了这个情况，对朱德同志深感钦佩。同时，又为他担忧，怕部队失去控制而溃散。我立刻把这些情况，向中央军委写了报告，并建议军委，要二十五师进入湖南，与当地农民运动会合，以图发展。后来，这支部队在朱德、陈毅同志率领下，艰苦转战，经过赣南到达湘南，发动了湘南起义，最后上了井冈山，与毛泽东同志率领的秋收起义部队会师，成为井冈山的主力之一。

总起来说，南昌起义具有伟大的历史意义，它向国民党反动派打响了第一枪，标志着我党领导的中国革命的新阶段——第二次国内革命战争的开始，从这时起，诞生了中国人民自己的军队。我们的很多干部，也从南昌起义的实践中获得了进行革命武装斗争的经验及其有益的教训。但是，用今天的眼光回头来看，南昌起义也是有深刻教训的。

首先，南下广东的战略方针就错了。广东有什么特别好的条件非回去不可呢？没有，并没有什么特别好的条件。广东人民曾在反帝反军阀的各种斗争中，发挥过伟大作用，但是，从"四一五"事变以后，广东的工农群众，特别是省港罢工工人组织，受到严重镇压，革命力量遭到重大摧残，作为北伐根据地的广东已经变色了。当时计划以广东为根据地重整旗鼓，再来一次北伐，处于敌强我弱，力量悬殊的总形势下，那是不现实的。说胜败乃兵家常事，是就战术方面讲的，而战略上错了，就会造成严重的损失，南征失利，就证明了这一点。

我们起义胜利后，如果不快走，是否就有被包围消灭的危险呢？

我看不会这样。事实上，形势并没有这么严重，敌人也没有那么厉害。就敌情来说，一个是朱培德的第三军，一个是程潜的第六军，再就是张发奎的剩余部队，总共就这些力量。程潜的第六军，主力没有在南昌附近，在南昌只有其一个团；朱培德的第三军已被我们消灭一部，余部又很分散，要想靠拢来，需要一段时间，就是他集中起来，这支部队战斗力也不强，容易对付；至于张发奎的部队，我党的力量很强，各团都有一些党员和农协会员。这次除参加起义的部队之外，他剩下的部队就不多了，只有十二师和二十五师的七十四团，这两个师中也有我们的不少同志。因此，张发奎的部队也是不难对付的。

为什么一定要南下？当时还强调占领海口，以争取外援，今天看，这种想法缺乏自力更生的精神，也是不对头的。

本来，我们不一定非南下不可，如果在南昌附近，或是在湘、鄂、赣农村地区，把我们的力量展开，面向农民，与当地农民运动相结合，发动群众，武装群众，依靠群众，我们就能够推动土地革命，开展游击战争，创建革命根据地。当时国民党内部并不统一，新军阀互争雄长，矛盾重重，只要我们善于利用他们的矛盾，是可以不断消灭敌人，各个击破他们的。当然，这只是现在的设想。实际上，当时我们既缺乏土地革命的思想，没有认识到走农村包围城市的道路，建立农村革命根据地的重要性，农村工作很薄弱；另方面，起义军的成分很复杂，没有进行革命的改造，也不可能与农民运动相结合。因此，要这样做事实上是办不到的。

虽然如此，但南昌起义的大方向，即用武装斗争反对国民党反动派的屠杀政策，是完全正确的。只是由于我们党还年轻，我们这些人也年轻，缺乏斗争经验，特别是武装斗争的经验，因而，遭到挫折和损失是很难免的。

——摘自《聂荣臻回忆录》

叶剑英：大革命失败与广州起义

◎叶剑英

广州起义是继南昌起义后，又一次震动世界的城市武装起义。虽然，在当时敌强我弱的具体情况下，起义本身遭到了失败，但它和南昌起义、秋收起义连接起来，是中国革命由共产党单独领导的伟大开端，也是中国无产阶级从城市转入乡村，建立与巩固工农联盟的胜利起点。

二十世纪二十年代，中国社会发生了极其深刻的变化，对这个变化有着决定影响的，就是一九二一年中国共产党的诞生。党从诞生时起，就不断地向全国人民宣传马克思列宁主义，提出反帝反封建的政治纲领。这些主张，在俄国十月革命之后和民主运动蓬勃发展的时期出现，马上得到千百万人民的热烈响应，也给从事革命三四十年而没有取得胜利的孙中山以很大的影响。孙中山和一部分进步的国民党员接受了共产党的政纲，改组了国民党，实行了联俄、联共、扶助工农的三大政策，并在共产党帮助下创办了黄埔军校，建立了有共产党参加的革命武装。在这个基础上，孙中山以及改组过了的国民党依靠广大革命群众的支持，镇压了陈炯明的叛变，消灭了形形色色的军阀，安定了两广局势，使后来的北伐革命有了巩固的基地与后方。

一九二六年七月，轰轰烈烈的北伐革命开始了。在共产党的影响与推动下，北伐军士气昂扬，所向无敌，以破竹之势，直驱长江流域。但是，正当革命蓬勃向前发展，全国人民欢欣鼓舞时，帝国主义代理人蒋介石却把枪口转向革命。不久，武汉的国民党也公开叛变革命，并与蒋介石合流。国民党叛变革命以后，就以蒋介石为中心建立了白色恐怖的反革命统治。无数共产党员和革命群众遭到残酷的杀害，已经取得了巨大胜利的大革命遭到严重的挫折。长江流域形势一落千丈。许多意志薄弱的人，被国民党的白色恐怖吓倒，向反革命投降，倒向南京方面去了。广大的工农群众和革命士兵，以及革命知识青年，遭此严重打击，因而义愤填膺，但找不到前进的方向。形势的发展给中国共产党人提出了一个紧迫的任务：共产党必须挺身而出，高举自己的红旗，甩开一切动摇分子，把一切革命的力量团结起来，单独地领导广大工农群众，粉碎反革命的猖狂进攻，继续奋斗下去。南昌起义就是为了挽救革命所采取的英勇行动。

南昌起义大大鼓舞了从武汉退出的共产党员和一部分进步武装，使他们从黑暗中看到了一线光明，看到了革命的前途和方向，并跟着南昌起义部队的足迹，纷纷南下，向珠江流域撤退，准备以广州作为根据地，重整旗鼓，待机再起。

随张发奎南下的由原武汉军校改编的第四军教导团，南行至九江，曾引起张发奎的猜疑被缴了械。学员们的思想十分混乱，唯恐张发奎也效仿蒋介石来个“清党”，大部分人准备逃亡。经过一番鼓动工作，并指出革命的光明前途，学员们的情绪才安定下来。于是，重新集合起两千多人，继续南下。到达万安，有些人提出就在万安举行暴动，把二十六军的枪械收缴后与南昌起义军会合。当时团党委认为应该先巩固这支武装，待进到敌人的心脏——广州之后，再举行起义。这一方面是南昌起义军已经南下，没有联系，行动起来孤立无援；另一方面也考虑到广州是北伐军的根据地，人民素有革命传统，在那里举行起义，不但有比较坚实的群众基础，而且给敌人的打击也会远远超过万安。为此，团党委决定教导团继续随张发奎向广州进发。

十月间，第四军赶跑了桂系军阀，进驻广州。

自国民党叛变革命后，广州虽然也为反革命的势力所统治，但是，经过大革命锻炼的、觉悟了的广州工人、农民和一部分爱国青年知识分子，并没有被白色恐怖吓倒。相反的，他们团结得更加紧密了，在共产党的领导下，继续进行着英勇的斗争。我们回到广州后，更加鼓舞了他们的斗争情绪，革命的气焰日益高涨。被国民党破坏的工会组织又恢复起来了，游行示威的声势越来越大，郊区的农民运动也有新的发展。

广州的革命群众曾对张发奎抱着很大的幻想，他们渴望着由北伐军剩下的最后这支武装能领导他们继续革命。南下时，张发奎也还表示愿意回广东继续革命，可是当他看到广州人民这种高涨的革命气焰时，却又动摇了，最后终于脱下了假左派的外衣，并与汪精卫勾结一起，在广州市内大肆镇压工农运动，捕杀共产党员。这个一度曾是全国革命灯塔的城市，而今也为反革命的阴云所笼罩，黑暗代替了光明，革命的力量遭到了严重的摧残。面前的事实清楚地告诉了共产党人：只有拿起武器领导工农群众起来暴动，否则革命力量必将受到残酷摧残。十一月二十六日广东省委根据党中央指示，做出了在广州发动工农兵举行武装起义的决定。

一年多以前，一个热火朝天的北伐革命，犹如燎原之火，从广州烧到南昌、烧到武汉、烧遍了整个长江流域。而曾几何时，由于帝国主义的干涉，蒋介石的叛变革命，这股燎原之火几遭扑灭，仅剩下星星火种！中国共产党和中国革命人民，在此历史紧要关头，继续高举革命大旗，把这星星之火，又从武汉烧到南昌、烧到南方各省、烧到了北伐的策源地——广州。

当时张发奎统治下的广州，正处于不稳定状态：陈铭枢部由汕头向广州进军，黄绍竑部在梧州集结，也有进袭广州的模样。张发奎不得不集中全力来巩固自己地盘，决定先对付桂系，然后再对付陈铭枢，于是任命黄琪翔为前敌总指挥，把所有的兵力调离广州，开赴肇庆、梧州一带，与黄绍竑作战。同时又把缴了枪的教导团重新武装起来，以防守广州。广州实际上只有教导团及新编成的一个警卫团和一部分警察武装，敌人内部非常空虚。

这是举行武装起义的大好时机。广东省委看到这一形势，立即成立了"行动委员会"，加紧起义的准备工作，把各个工人组织统一组成工人赤卫队。并秘密地发给武器，把他们武装起来；通过党的关系，把大批党的军事干部和省港罢工工人秘密地派进警卫团，使警卫团基本上掌握在我们党的手里。十二月七日，"行动委员会"秘密举行工农兵代表大会，选出执行委员会，决定十三日起义。

广州工人阶级高涨的革命气焰，引起了帝国主义与国民党的注视与警惕，再加上他们得到了我们要在广州起义的消息，便加紧从中破坏。在帝国主义与南京国民党的授意下，张发奎匆匆调回了前敌总指挥黄琪翔，并准备解散教导团；同时在十日宣布特别戒严令，日夜不停地检查户口。远离广州的反动军队，也开始向广州活动。在此情况下，"行动委员会"不得不把起义时间提前到十一日。

十一日早晨二时许，被反动派称为"赤子赤孙"的教导团学员，在枪毙了张发奎派来的特务参谋长和一些反动军官后，立即投入了市内的战斗。与此同时，潜伏在市内各地的工人赤卫队，犹如万箭齐发，攻向各个指定的目标；警卫团也在团长梁秉枢率领下，解除了一部分反动军官和士兵的武装后宣布起义。仅一个多小时，教导团第一营和工人赤卫队第一联队即粉碎了敌人在铁甲车掩护下的负隅顽抗，攻占了最坚固的反动堡垒公安局，并在那里成立了苏维埃政府。其他各路起义队伍，也先后占领了无线电局、邮政局、各区警察署，以及其他国民党的党政机关。红旗几乎插遍全市，大街小巷挂满了红布横额，墙上写满了工农革命的标语。仅仅几个小时前被反革命阴云所笼罩的广州，现在又变成了沸腾的、洋溢着胜利的广州了。

必须指出，帝国主义的武装干涉，使起义军处于不利的地位。英、美、日等帝国主义，除了出动炮舰不断向我市区轰击外，还派海军陆战队在长堤一带登陆。法帝国主义也参加了这一干涉。在帝国主义军舰的掩护下，市内反革命部队向我展开了猛烈的反扑。广州郊外的敌人，也准备前来增援。起义开始后不久，起义总指挥部讨论了当前局势，当时曾提出：应该迅速停止枪声，建立市内的革命秩序，对一切尚未攻下的残余据点，应包围监视，在政治上瓦解他们，争取他们；应该以教导团为基础，迅速扩建军队，把工人赤卫队和教导团合编成立三个师；将战线推向郊外，发动农民，组织农民队伍，以便迎击前来增援的敌人。大家认为这些措施是正确的，可惜时间已不容许我们这样做，敌人在帝国主义军舰的帮助下进展很快，我们还来不及在市内建立革命秩序，来不及以教导团为中心扩编武装力量，更来不及把战线推到郊外，敌人已从三面围上来了。从江门赶来的薛岳部，从韶关赶来的许志锐部，以及从石龙赶来的李汉魂部，很快又抢占了市内主要据点。在敌强我弱的形势下，经三昼夜英勇奋战的起义部队，不得不撤出了广州。

◎广州起义纪念碑

大革命的失败，固然是由于国民党的叛变和帝国主义的干涉，但从工人阶级政党内部来说，经验不足，领导机关所犯的错误，也是革命遭致失败的原因。大革命一开始，还是处于幼年时代的中国共产党，虽然那时候就已懂得了武装斗争的重要，但认识还是不足的，而且缺乏积极、正确的方针。特别是大革命后期，由于陈独秀的机会主义领导，不敢放手发动群众、武装群众，不去积极掌握军队，把革命的希望寄托在资产阶级身上，幻想通过和平方式取得无产阶级革命的胜利。这样，就使党没有充分的力量来防止国民党的叛变，和粉碎他们叛变后对革命的进攻。大革命的失败，深刻地教育了中国共产党人，使他们从惨痛的教训中彻底认识了：中国革命只能由共产党来领导，资产阶级以及其他一切阶层都不能领导中国革命取得彻底的胜利；中国革命的主要形式不可能是和平的，而只能是武装的革命反对武装的反革命；中国革命必须要有自己的革命的军队，没有革命军队就没有革命的一切。南昌起义、秋收起义、广州起义，以及其他各地的武装起义，就是在这个认识基础上发起的。这是坚决的、也是艰苦的大转变。由此起点，便开始了土地革命战争——由共产党单独领导的工农革命，并开始创建了中国人民自己的军队——中国工农红军。

因此，广州起义就绝不是消极的“退兵之一战”，而是在这个转折关头，党为了挽救革命，为了粉碎反革命的猖狂进攻，奋起领导革命人民，向反革命势力进行的一次积极的、英勇的反击。正如毛主席在《论联合政府》一书中所说的：英雄的中国共产党和中国革命人民“并没有被吓倒，被征服，被杀绝。他们从地下爬起来，揩干净身上的血迹，掩埋好同伴的尸首，他们又继续战斗了”。

广州起义虽然失败了，但并没有完全失败，从广州撤出的一部分起义武装，后来又分别与东江、左右江一带的农民起义武装会合，把革命种子传播到广大农村，继续进行着革命斗争。

广州起义留下的教训是多方面的，其中主要的一条是：无产阶级先锋队要派自己的干部下乡。当时革命已经转入低潮，在敌强我弱的条件下，革命最迫切的任务不可能是马上夺取城市，而是如何保存力量，把它转入反革命势力薄弱的农村，组织、发动广大农民进行游击战争，建立和发展农村根据地，并依靠农村包围城市，最后夺取城市，取得革命胜利。革命离开了巩固的工农联盟，没有农民积极参加，胜利是不可能的。可是这些教训，直到广州起义失败以后相当长的时期内，还没有被一些党的领导同志所认识。我们当时的头脑，还充满着资产阶级旧民主主义革命的以城市为根据地的思想，对农民的力量没有正确的认识。只有毛主席在领导中国革命的实际斗争中，根据马克思列宁主义的普遍真理，结合中国民族特点，创造性地解决了这一关系着中国革命成败的根本问题，并依据这一原理，指导革命在中国取得了胜利。如果广州起义不留恋城市，在起义之后自觉地、主动地迅速向农村发展，与当时正蓬勃发展着的海陆丰农民运动相配合，建立农村根据地，开展以土地革命为中心内容的游击战争，那么，起义将会取得更大的胜利。

——摘自《叶剑英军事文选》

徐向前：奔向海陆丰

离开广州后，我们一气赶到太和圩，追上了教导团的队伍，继续向花县进军。路过一个山垭口时，遇上地主民团的伏击，部队冲了过去。傍晚到花县，城里的敌人已闻风而逃。

◎徐向前

部队在花县停了三天，整编队伍，讨论行动方针。

先清点人数，共有一千四百四十几人。共产党员占百分之一二十，主要是国民党左派，即同情共产党，反对蒋介石的人。黄埔第一期的学生不多，我是一个，还有吴展。叶镛是黄埔第三期的。教导团的队长、党代表大多是黄埔第四期的，其余均系武汉军校的学员。

部队编为一个师。叶镛当师长，袁裕（国平）当党代表，师党委书记唐澍，政治部主任王侃如。在一所学校里，大家开会研究，如何给这支部队命名。红一师有了，是朱德同志领导的南昌起义的部队，红二师有了，是海陆丰一带的另一支南昌起义部队；红三师也有了，是琼崖游击队改编的。最后，大家确定我们叫红四师，自己给自己起的名字。红四师下属三个团：十、十一、十二团。我任十团党代表。还有一、二十个女同志，都分在师部、团部工作。我们团管军需的那位女同志叫彭镜秋，现在还健在。组织成立后，我把从起义指挥部拿来的银毫子全部交公。部队是仓促撤出的，经费十分困难。

部队下一步到哪里去？花县离广州太近，又靠铁路线，肯定不能蹲。有的主张去北面的韶关，有的主张去海陆丰。听说朱德同志的队伍在韶关一带活动，多数人主张去同他们会合。于是，派人去联络。

部队在花县，每天都有地主民团来攻，师里要我负责指挥打民团。那些地主民团滑得很，一天来攻好几次。我们要是不理他，就呼噜呼噜地来一片，噼噼啪啪乱打枪，我们要是一打，他们就跑。有时我们正吃着饭，民团来了，部队扔下饭碗就去打，刚打走他们，一会儿又来了，又得去打。他们熟悉地形，零敲碎打，跑得又快。我们有时也追击一下，但追得不太远，怕中埋伏。我们把打民团的战术，叫做“打狗战术”。意思是别看它来势汹汹，你抄起棍子去打，他们就夹着尾巴逃跑了。

师部三次派人去韶关，都没找到朱德同志的队伍。第三天晚上，才决定去海陆丰，会合红二师。次日一大早出发，走了半个多月，经从化、良口、龙门、杭子担，绕道蓝口附近渡东江，南下进入罗浮山脉东侧的紫金县境。途中，有些民团怕我们，在村边插着木牌，写上“欢迎来境，欢送过境”的大字，我们就交代政策，分化敌人，遇上反动民团的袭扰、顽抗，则狠狠地打，绝不留情。广东是大革命的发源地，群众痛恨军阀，心向革命。我军每到一地，都受到群众的热情接待和支援，对士气鼓舞很大。

紫金县城敌军不多，县长叫邱国忠，是个国民党军队的少将，极

◎海丰红场　◎赤化大旗

其反动。起义军撤出广州后，他坐卧不宁，屡电广州反动政府，求援增兵。当我军进入县城附近的黄花村时，邱逆误认为是广州来的援兵，派人出城联络。我们决定将计就计，冒充“援兵”进城。那天上午，我军队列整齐，开赴县城，邱国忠带着县府的大小官员来到城外，恭身欢迎。我们不费一枪一弹，将他们活捉，占领了紫金县城。邱国忠血债累累，民愤极大，经群众公审后枪决。

一九二八年元旦，红四师抵海丰县城，受到中共东江特委和当地群众的热情欢迎和慰问。海丰是我党第一个苏维埃政权的诞生地，彭湃同志的故乡。从一九二四年至一九二七年，彭湃先后在这带发动过三次农民起义，影响甚大。第三次起义是一九二七年十月底，数千农民在董朗，颜昌颐领导的红二师(共一千余人，也是南昌起义的部队)的配合下，一举攻占了海丰、陆丰两县城，正式成立苏维埃政府，实行土地革命。我们进抵海丰县境后，见各村的墙壁上写着许多打土豪、分田地的标语，处处红旗招展，颇有革命气势。县城的墙壁，都用红土刷过，全城一片红，真是“赤化”了的天下。群众听说我们是从广州下来的红军，热情万分，家家让房子，烧水做饭，像亲人久别重逢一样。

为欢迎红四师，东江特委在县城广场上召开了一万多人的群众大会。特委书记彭湃发表了热情洋溢的讲话。我印象最深的有两点：一是广州起义失败了不算什么，革命难免有挫折，有失败，失败了再干，革命一定会胜利。二是共产党领导穷人闹革命，要坚决消灭地主军阀，保护穷人利益。什么是共产党的法律？抓住地主杀他们的头，就是共产党的法律！他的富于鼓动性的讲话，博得了一阵阵的热烈掌声。接着，红二师和红四师又胜利会合。从此，这两支年青的红军队伍在东江特委的领导下，并肩战斗，揭开了东江游击战争的新篇章。

——摘自《徐向前回忆录》

粟　裕：南昌起义前后片段

二十四师是我党控制的武装力量，叶挺同志是师长。当时各地的进步分子多遭通缉或追捕，为了收容两湖地区的被迫害的青年学生和工人，培养党的基层军事干部，在二十四师成立了教导队。不到半个月，就有了一千多名学员，几乎是清一色的党、团员。党组织十分重视这批新生力量，派了坚强的政治、军事干部来领导。记得当时大队长是孙树成，副大队长是申朝宗，中队长有李鸣科同志等。我任班长。在教导队同学之中，有谭家述同志。此外还有洪超、吴高群、江振海同志，他们都一直坚持斗争，当过红军的师长或团长，在战斗中英勇牺牲了。滕久忠同志也光荣牺牲了。

◎粟裕

虽然教导队的学员都是党、团员，具有较高的革命热情，但因绝大多数出身于小资产阶级，又缺乏实际斗争的锻炼，所以，组织上对政治教育极为重视。除了上政治课以外，还经常请负责同志如周恩来、恽代英、叶挺等同志作报告。他们受到同学们的极大欢迎。恩来同志给我们做过两次报告，主要是讲形势和任务，他那爽朗明快的语言，鲜明的观点，透彻的分析，对革命前途充满信心的坚定态度，给大家留下了难以磨灭的印象。他的讲话，总是有的放矢、针对性很强的。他不止一次地亲切询问我们："你们都是些学生，怕不怕苦，现在这样严格的军事生活，吃得消吗?"他还语重心长地鼓励大家说："你们这支队伍，全都是党、团员，是建设红军的基础，一定要肩负起阶级的重托！将来你们要到部队中去，到士兵中去，掌握革命武装，学会打仗，用革命的军队去战胜反革命的军队，去夺取革命的胜利!"

当时，我们大多数同志是直接受到过反革命武装叛变的迫害的，深知革命而无武装之苦，大家刚刚拿起了枪，心情是很振奋的，听了恩来同志的报告，更是受到很大鼓舞，同时也体会到我们党是在加强军队工作和武装斗争了。恽代英同志讲话十分幽默，富有鼓动力量。蒋介石叛变，一部分国民党人士实际亲蒋，表面上却标榜自己是中间派，孙科就是其中一个代表。恽代英同志就挖苦他说："人家说孙科是中间派，我看他是站在中间，向前一步走，向右看齐!"很生动形象地刻画出孙科之流的真实面目。恽代英同志鼓励我们要在战争中学会打仗。某部在参加讨伐夏斗寅叛军的战斗中曾一度失利，退了下来。当时有人说他们不会打仗。恽代英同志就说："我看不是这样，而是演习了一次退却，打仗总是要在战争中才能学会的"。叶挺同志讲话比较严肃，当时大家都传诵着他的战斗故事。当夏斗寅勾结蒋介石叛变，进攻武汉并已打到距武昌仅二十公里的纸坊时，我方因兵力悬殊，在敌人的猛烈炮火下退却了。当时叶挺同志的参谋长亲自督战，仍不能扭转不利形势。突然传来了消息："叶挺师长到了！"战士们立即停止退却，转向敌人冲锋，终于将敌人打退。有一个营长原来只受了一点轻伤，就哼着下火线，一听师长来到，立即跳下担架，冲上前去。由此可见大家对叶挺同志是如何敬畏。

……

武汉风声紧张了。当陈独秀执行右倾机会主义路线，收武汉工人纠察队的枪支自动交给唐生智总部时，使我们异常愤慨。由清一色的党、团员组成的教导队，更受到敌人的嫉视，他们想缴我们的械。教导队奉命离开武昌，经大冶、黄石港向九江进发。为了在途中减少目标，将各个中队改名为手枪队、迫击炮连、监护连等等。我所在的一个中队，以后便成为南昌起义前敌委员会的警卫队。

在南昌江西大旅社担任警卫任务期间，我经常见到恩来同志出出进进。他对我们警卫队的同志非常亲切，每次走过哨位，总要和战士打招呼，这和当时有的领导人对下级军官和士兵动辄训斥形成了鲜明的对照。我们见到恩来同志总是不知疲倦地工作着，他那间办公室的灯光总是亮到深夜，甚至到天明。七月末的几天，担任警卫工作的我们看到负责同志们忙碌非凡，经常是夜已很深，还在开会，大家都预感到将会有什么严重的事件发生。果然七月三十一日下午，我们就接到“擦洗武器，补充弹药，整理行装，待命行动”的命令。天黑后，大家全副武装在宿营地待命，坐在背包上窃窃私语：“要打仗了吧！跟谁打？是人家打我们，还是我们打人家？”正在这时，恩来同志从我们旁边走过，他停了下来，对我们说：“同志们，要准备打仗了，怕不怕！”大家齐声回答：“不怕！”恩来同志接着又说：“好！这次打仗，我们是有完全胜利的把握的，你们准备接受光荣的任务吧！”时间已是半夜，但我们谁也不想入睡。突然集合的哨音响了，班、排长到中队长处受领任务，才知道我们是要去策应一个部队的起义。远处传来了稀疏的步枪声，接着机关枪、迫击炮也轰鸣了。我们向着三军军官教育团驻地跑步前进。到达目的地时，营内吹起欢迎号，军官教育团全部起义了，领导起义的就是朱德同志。这是我第一次见到朱德同志，当时他蓄着长长的胡须，态度和蔼而慈祥，他立即被接到南昌起义革命委员会。八月一日上午，朱培德留在南昌的部队全部被缴械，南昌已为我党领导的军队占领。后来我们才知道：参加起义的除十一军二十四师和三军军官教育团外，还有四军二十五师和贺龙同志率领的二十军。

……

南昌起义后，决定南下广东。八月六日，我们警卫队奉命随军南下，担任革命委员会和参谋团的警卫，并负责押运南昌缴获的大批武器弹药。每人除驳壳枪及子弹外，还背了两支步枪、两百多发步枪子弹，加上背包、军毯、水壶、饭匣、洋镐、铁铲，共重三十公斤左右。另外，每班还抬一个大帐篷，每人还要照管一个挑着枪支的民夫。八月的天空，连一片云彩也没有，每天三四十公里行程，真是又热又累，在第一天行军中，七十七团就中暑死了十几个同志。当时的民夫，不同于在以后的战争年代从根据地动员组织起来的民工，随时都有乘隙逃跑的可能，使我们在思想上十分紧张。警卫队中有一个年纪最小的战士，一不留神，民夫逃跑了，只好自已挑起枪支，但走不多远，就挑不动了，结果还是由指导员替他挑了。正因为这样，缴获的武器弹药在沿途丢了不少，这是非常可惜的。

这是一次长途行军，从南昌出发，经抚州、宜黄、广昌、石城、瑞金、会昌、长汀、上杭、大埔，直到九月二十三、二十四日占领潮州、汕头，整整走了一个多月才停脚，而先头部队则已进入海陆丰地区。沿途在瑞金以北的壬田寨打了一次胜仗，在会昌又打了一次大胜仗，歼灭敌人一个多师。警卫队的战士们虽然万分疲劳，但精神振奋，始终保持着高涨的情绪，保卫着起义军领导机关——革命委员会的安全。占领潮州后，我们这个排奉命留在那里，担负后勤部门和物资仓库的警卫任务。

南国风光的潮州，许多东西都是从未见过的，引起了我们很大兴趣。当时我方后勤人员正在潮州忙于筹粮、筹款和收集军用物资，前方正向揭阳、汤坑(今丰顺)地区的敌军发起进攻。我们在炮声隆隆中期待着胜利，不料情势却突然逆转，我军进攻失利，伤亡很大，退了下来。九月三十日早晨，炮声由远而近，到当天中午，潮州城郊响起激烈枪声。当时留守潮州的战斗部队数量很少，坚持到黄昏，被迫撤出潮州。我们也于仓卒间奉命撤离。仓库中许多物资、饷银和武器弹药，无法携带，绝大部分抛弃了，真是令人心痛。

撤出潮州后，我们东渡韩江，向饶平方向前进。到饶平时，朱德同志已率领十一军二十五师和九军教育团从三河坝撤到那里，我们同这支队伍会合一起了。接着就在朱德、陈毅同志领导下，开始向闽赣方向作战略转移。这又是一次长途行军，经饶平、平和、大埔、永定、武平、信丰到达南康、大庾地区。由于连续行军作战，部队减员很大，加上一些意志不坚定的战士和干部，对革命产生动摇，陆续离开了部队，到达信丰一带时只剩七八百人。因为部队成分不纯，加之基层党员太少，沿途军纪不好，于是将部队整编为一个团，朱德同志任团长，陈毅同志任团指导员。他们亲自整顿部队纪律，加强政治工作，坏分子被淘汰，留下来的同志更坚定了。形势变化得极快，将过旧历年的时候，我们进到湖南宜章，消灭了该县反动武装以后，即公开打土豪、分田地，建立苏维埃政权，正式打起了镰刀、斧头的红旗，举行了轰轰烈烈的湘南起义。

——摘自《粟裕战争回忆录》

许光达：红六军成立前后

红六军是从鄂西革命根据地生长起来的。鄂西根据地又称洪湖根据地，是湘鄂西根据地的一个主要组成部分，以洪湖为中心，包括荆江两岸广大地区——南至洞庭湖滨的华容、南县，北至汉水两岸的天门、潜江，西至江陵、公安，东至沔阳、汉川。

洪湖地区在大革命时代就有党的组织，农民运动也较开展。这里

◎许光达

湖泊较多，土地肥沃，丰产稻谷。当地农民有这样一首歌谣："湖北沔阳州，三年两不收，若有一年收，狗都不吃粥。"但因常闹水灾，收成不好，群众生活很苦。加之土地、湖泊均为地主、富农垄断，广大的农民、渔民受着残酷的剥削和压迫。人们迫切要求土地和自由捕鱼的权利，农村阶级斗争非常尖锐。共产党积极地领导当地农民，普遍组织了农民协会，向地主豪绅进行坚决的斗争。

大革命失败后，广大的革命群众遭受了残酷的镇压和屠杀，农民协会被摧毁了，共产党的组织转入了地下。但是群众的斗争并没有停止。

一九二七年秋，党的"八七"会议以后，洪湖地区人民，在共产党的领导下，开始进入了武装斗争的新阶段。沔阳、洪湖、石首、华容等地相继举行秋收起义，回击豪绅地主的进攻，夺取民团的枪支武装了自己，并把土地分配给农民。起义此起彼伏，延续到一九二八年初。在起义中，荆江两岸先后成立了几支红色游击队：石首县委领导的吴仙洲部，沔阳县委领导的邓赤中、彭国才部，南昌起义失败后奉命到洪湖地区组织起义的贺锦斋部等，共约数百人。

一九二八年初，党中央为在湘鄂西建立和发展革命根据地，派贺龙、周逸群等同志到洪湖地区建立了湘鄂边前敌委员会，统一领导该区武装斗争。在很短时间内，部队迅速发展到近千人。二月初，为配合年关斗争，游击队奉命攻打监利城。这是一次在盲动主义错误路线影响下的单纯军事行动。监利城驻敌正规军一个旅，年轻的游击队，担负了不可能担负的任务，结果遭受了严重的失败。当时部队党的领导薄弱，党员人数很少，不会做政治工作和群众工作，也不会打游击战。进攻监利失败后，一部分党员悲观失望，最后将武装分散，各自走开。反革命势力又复活起来，豪绅地主十分嚣张，群众又一次遭到摧残和打击。这时，贺龙、周逸群同志根据中共中央原来的指示和石首中心县委决定，率数人回湘鄂边，继续发展武装斗争。后来他们在那里建立了湘鄂边根据地，组成了中国工农红军第四军。

进攻监利的失败，深刻地教育了洪湖地区的党和人民，使他们认识了要建立一支坚强的红色游击队，必须有党的正确领导；游击队的成员必须是有较高的觉悟和英勇顽强、斗志坚定的人；队员之间应该是生死与共的同志关系；同时还应学习军事知识，善于夜间行动，以机智灵活的战术各个消灭豪绅地主和民团。为了坚持长期的斗争，还必须建立党的秘密组织，必须做艰苦的群众工作，组织、宣传和发动群众，与群众共生死，只有这样，游击队才可以生存和发展。

根据这些经验，洪湖地区的党进行了许多艰苦的工作。先从个别村庄开始，然后向外发展。到一九二八年底，监利县洪湖边之柳家集、刘家尝福田寺，江陵白露湖旁之沙岗，石首江北三角洲中之横沟市、新厂以及华容之桃花山等地区的工作都开展起来了。在此期间，该地区许多在外地学习或工作的共产党员如段德昌、段玉林、彭子玉、徐蔗等，先后回到了家乡；党中央也派遣了一些军事干部，如王鹤、王一鸣、周容光、万涛、周小康等同志来参加工作。这样，便大大地加强了当地的党和武装斗争的领导。

一九二九年春，国民党内部矛盾日益尖锐，酝酿着新的军阀混战，驻在洪湖地区的敌人正规军调走了，剩下的只是一些民团。而这时，江西、鄂豫皖等地区的红军均有相当的发展，全国各地的群众运动也日益开展起来。在此形势下，洪湖地区的斗争也有了新的发展。除各县的赤卫队外，正式建立了两支较大的红色游击队：一支是以洪湖为根据地的监沔游击队，由彭国才、段德昌等同志领导；一支是以白露湖为根据地的江石游击队，由段玉林、彭子玉等同志领导。

一九二九年九月，党中央派孙一中同志(即孙德清)和我到洪湖游击队去工作，并决定将洪湖地区游击队改编为红军第六军。

一九三〇年的春节，监沔和江石两支红色游击队在监利的西北汪家桥会师了。当天开了一个大会，周逸群同志宣布成立红军第六军，孙一中同志任军长（不久因病离职，中央派旷继勋同志接任），周逸群同志兼任军政委（他早已由湘鄂边回到洪湖地区任鄂西特委书记）。军辖两个纵队，分别由段德昌、段玉林同志任司令，王鹤、周容光同志任政委。

在这以前，两支游击队的活动范围狭小，县城和稍大的市镇均在反动民团的手里。一九二九年夏，乡村革命根据地开始由点连成片，游击队即由秘密进入公开的活动。抗交苛捐杂税，建立乡工农民主政权，捕杀豪绅地主和他们的狗腿子，打击、消灭下乡的官府人员及少数民团武装，进攻敌人兵力薄弱的据点。游击队完全是和群众结合在一起的。队员绝大部分是当地的农民、渔民；外地的队员则分配住在农民、渔民家里，白天和群众一块劳动生产并进行群众工作，夜间则集合出动，消灭敌人。

自红六军成立后，我们就着手建立一支正式的新型的人民军队。

首先，以连为单位建立了党的支部，军建立了前委；各级都建立了政治委员制度，连称政治指导员(以前各级均称为党代表)，军、纵队、团都建立了政治部。政治部除负责部队本身党政工作外，还做群众工作，打土豪，没收物资亦由政治部统一负责处理。

还建立了必需的军事指挥和给养机构。以前没有指挥机构，作战方针、计划虽然是由党委讨论决定的，但作战指挥、参谋、文书均由队长一人兼任。游击队也没有自己的伙食单位，分散住在群众家里，和群众一起吃饭，每餐付铜元十二枚(由公家发给)。自从以连为单位建立了伙食机构后，军队集体行动，再不分散到群众家里住了。指战员的生活待遇是完全平等的，每人每天伙食钱一角。连队还组织了伙食委员会，由战士自己管理伙食。在攻下城镇没收了豪绅地主资财后，有铜钱时则分给每人一串或五百，以作零用。没收的给养腊肉食品等都分配给各伙食单位，布匹、衣服也统一分配。有时还要运送给根据地的群众和党政机关。指战员们最厌恶“长官”和“弟兄”的称呼。曾记得红六军宣布成立的大会上，孙一中同志讲了这样一句话：“弟兄们！兄弟奉党中央的命令……”以后受到了指战员们的尖锐批评，他们说这是国民党旧军队虚伪的词句。从此“兄弟、弟兄”的词句绝迹了，一概都称为同志。

由于这支军队完全是在群众斗争中产生的，旧军队的影响很少，一开始就发扬了民主作风，贯彻了群众路线，所以指战员之间，上下级之间，军民之间的关系，是完全平等、亲密无间、团结一致的。当然，极端民主化，绝对平均主义，自由散漫，非组织观点，纪律不严等不良倾向也是存在的。后来部队成分略有变化，俘虏兵增多，军阀主义的行为也就产生了。当时“古田会议”的决议，红六军还不知道。上述这些不良倾向，随着部队党的力量和政治工作的增强，才逐渐克服。

这一时期还进行了必要的军事训练。经过短期整训后，就进入统一的集体的行动了。首先选择了敌人比较薄弱的据点，向一个小队、一个中队的民团进攻。一九三〇年三月至五月之间，第一步攻下了普济观、龙湾寺、老新口、新沟嘴、府尝峰口、朱河等，这样就把江陵、潜江、沔阳、监利四县的乡村根据地大体上连成一片了，第二步就攻克了沔阳、潜江县城。城镇的民团被干净彻底地消灭，豪绅地主多半被处决，少数的逃跑了。这时各县都成立了县工农民主政府，分配了土地，收复的城镇均成为巩固的根据地。由于根据地的巩固和红军的强大，其他县的民团也不敢增援。当时国民党的正规军自顾不暇，也无力分兵来扰。第三步就向外扩大根据地，北攻仙桃镇、岳口、天门、皂市，东击汉川系马口，西攻沙洋，并曾一度攻沙市未果。这时根据地扩大到了汉水南北，使长江、汉水之间除沙市、监利城外，广大地区都变成了我们的天下。这是洪湖根据地突飞猛进大发展的时期。接着，湘鄂西工农民主政府宣告成立，由周逸群同志担任主席，统一领导各县政权工作。短短的几个月，红六军便扩大到约一万二千余人，地方武装赤卫队也有极大发展。

为扩大长江南岸根据地和配合中央红军行动，部队休整后横渡长江连续攻克石首、藕池、华容、南县、安乡、公安、津市等县镇。洪湖根据地已扩大到了洞庭湖、澧水广大地区，与长江两岸连成一片，北至汉水，威胁着武汉和长沙，截断了长江的交通，大大地震动了国民党的统治。

一九三〇年夏，红六军与贺龙同志领导的红四军于公安会师，正式成立了红二军团。由贺龙同志任军团指挥，周逸群同志任政委。

两军会师之后，就由沙市附近的陡湖堤渡江东进，首先攻下了监利县城，接连解放了岳口、仙桃(在红六军南渡后被敌重占)、天门、皂市、应城、京山、安陆等城镇，直抵武汉外围。当时我们虽然处在错误的立三路线领导之下，并在军事行动上犯了单纯军事观点的错误，致使根据地和红军遭受了严重的损失。但以贺龙同志为代表的正确方面和错误路线进行了不断的斗争，因而革命力量得以保存下来，并在汉水以北开辟了广大的红色根据地。

——选自《星火燎原 1》

陈　赓：从南昌到汕头

第一次国内革命战争武汉政府时代，我在北伐军第二方面军唐生智部特务营任营长。“马日事变”后，陈独秀右倾机会主义路线迁就当时的汪精卫派国民党，自动把武汉市的工人纠察队缴了械，并且命令我把特务营交给唐生智的弟弟唐生明。——这个部队本来是由共产

◎陈赓

党组织的，后来大部分人分批跑到江西，参加了土地革命。

七月十五日，汉口的国民党正式决定与共产党决裂而叛变革命。我便随着周恩来同志秘密乘船到达江西，八月一日参加了南昌的武装起义。起义由周恩来、贺龙、叶挺、朱德等同志指挥，参加的有在党影响下的北伐军部队三万余人，总指挥部设在南昌市中心洗马池的江西大旅社。我和李立三等在市区逮捕了一批反革命分子，当天夜里又负责解决了江西省银行。

八月五日，起义军撤离南昌，我在贺龙同志的第二十军第三师工作，跟部队一起向广东进发。在南昌曾解决敌人六个团，离开时武器带不走，丢的遍地都是。——那时候还不大懂得发动工农来拿武器，武器都丢掉了。一路上，起义部队受到各地人民的热烈欢迎。革命虽然遭受了暂时的挫折，但群众的斗争意志仍然是很坚强的。八月下旬，部队经过抚州、瑞金，在会昌地区和反动军阀钱大钧等的部队激战了一场。钱大钧的部队先我到达会昌。我三师是先头部队，一到会昌附近就和敌人接了火。会昌战斗是在八月二十四日，本来我军预定拂晓开始攻击，因为部队走错了路，迟到早晨八点钟才开始。敌人派四个团来堵截，打到中午，我后续部队还没有到，子弹打光了，尚未把敌人击败。敌人疯狂出击，我军支持不住，便向后撤退。

撤退时我走在部队最后，下午一点钟负了重伤，左腿两处中弹，膝盖处的筋断了，脚腕骨被打折，不能行动。见敌人的追击部队赶来，为了避免敌人搜查我的口袋发洋财时发觉我还活着，忙脱掉身上的制服，从山坡上滚下去，跌进一块深草的田沟里，腿上的血一直在流，把田沟里的水都染红了。这时跟着我的卢冬生同志也跳下来照拂我。不久几个敌人下来搜索，我因自己不能行动，便劝卢冬生同志快走，他却无论如何也不离开，很机警地躲进附近草棵里藏起来。我用手把腿上流出的血涂抹一身一脸，以此欺骗敌人。可是心里却老想着：我们的部队退了，敌人一来准定会死。想到自己年纪还轻，革命刚刚开始；又回想到自己从前的经历，想起所有一起革命的战友……在敌人走近来时，就把牙齿咬紧，停住呼吸，准备一死。结果，敌人以为我已死掉，在我身上踢了一脚便走了。

躺在那里过了两三个钟头，下午四点钟左右，叶挺同志带领的部队反攻上来，立即把敌人打垮。听见山上人叫马嘶，但怕是敌人溃退下来，仍不敢动。我身上只穿着背心和短裤，我们的搜索部队过来，又把我当敌人打了一枪托子。我睁开眼睛偷看，见他们颈子上都挂有红带子(像现在少年先锋队员戴的红领巾一样)，知道是叶挺同志的部队反攻了，便高兴地说明是自己人，卢冬生同志也出来证明。这时前边已经占领会昌，我便也到城里，见到周恩来、聂荣臻、叶挺等许多同志。此时重逢，格外亲切。

会昌战斗后，部队未照原计划直下寻邬、梅县，而折向福建的汀州(长汀)、上杭一带。我因伤势很重，便坐船顺贡水前往汀州。刚一上船，敌人突然反扑回来，一直打到江边，我坐的船也中了许多子弹。正好周士第同志带的二十五师赶来，一个反攻，又将敌人打垮，我亦得救。汀州有家医院，就是傅连障同志办的。他不但没有离开，而且找了一些小学校的教师与学生们来帮忙，接收了我军三百多个伤员。他是我所遇到的第一个同情我们的医生。承他尽心照拂，使我直到现在都很感激。接着部队进军东江，我仍乘船沿着韩江南下，水流很急，又有礁石，有些船被打翻了，我乘坐的船也触到礁石，险些出事。到大埔后，准备留我在那里休养，我坚决随着部队前进。九月二十三日我军占领潮州，便和部队一起进城。在潮州，三师司令部住在电报局里，我就住在隔壁的韩文公庙小学。说来有趣，这事后来给予我在紧急情况下的一个掩护。

九月二十四日，我军先头部队到达汕头，汕头工农也起来暴动。这时广东军阀陈济棠、徐景堂、黄绍竑、钱大钧等部，已从四面八方涌到那里。我军占领潮汕后，即在汤坑、潮州、三河坝等处与广东军阀发生激战。以后敌人越来越多，帝国主义与国民党的军舰也向汕头猛攻。九月三十日，我军被迫放弃汕头，竭尽全力到汤坑去御敌。当时周恩来同志生病发高烧达四十度，还在前线指挥作战。朱德同志指挥二十五师守三河坝，敌人三个师来打，激战三天三夜，予敌重创。但因反革命军队数量过大，经过苦战，寡不敌众，终归失败。

占领汕头时，我和一些受伤的同志进了日本人开的“博爱医院”。许多同志都到医院来看我，日本人晓得我是个军官，对我的态度非常不好。我军从汕头撤出，恩来同志等曾派人送款子给我们，没有送到，所以撤退的事我完全不知道。次日早晨，我叫卢冬生同志到总指挥部住的畸卢去看看，他一出门，看见国民党军队正开进城，街上已看不见挂红带子的起义部队。我伤势仍甚重，不能行动，正在着急，日本人又来下逐客令，要把我们赶出去。有些伤势轻的同志都逃走了。这时医院有个护士李小姐同一位打扫房屋的工人很同情我们，便偷偷地把我搬到工人住的房间藏起来。后来他们一面动手找船，一面同我说：“风声不好。你非走不行!”医院对面是日本人开的汕头旅馆，下边就是海岸，但退潮时全是泥巴。十月初旬，有一天上午十时左右，工人和护士找到一只小船。“陆地行舟”，将船从泥巴上推到旅馆跟前，由护士一直送我到往香港去的轮船上。这位护士使我十分感动，广东解放以后，我一直没有打听到她。

我们坐的太古公司的轮船，是我军在潮汕失败后从汕头到香港的第一条船，我们的许多同志都在这条船上。快要到香港时，船上挂出一种特殊的讯号，意思是说这里有危险，要岸上的巡捕快来检查。船一靠岸，我们一些同志都迅速离开，我因伤重留在船上。后来卢冬生找把椅子抬我下去，检查的人问我负的什么伤，并且说：“你一定是

汕头失败的共产党。”我用讲得不好的广东话回答他是潮州人，在潮州电报局做事，仗打起来了，慌忙逃跑，跳楼跌伤。他问我电报局在什么地方，我说在韩文公庙隔壁，他们便放我过去了。

上岸已找不见一个熟人，就和卢冬生在马路边坐坐。巡捕用棒子乱打。到医院里去，医院不收。为了找个地方混过一些时间再设法去找熟识的人，便到一家中医那里挂个号。坐下来谈了一会儿，他发现我是打仗受伤的，便要我出去。我到马路上，巡捕又用棒子赶。马路中间有个厕所，我要卢冬生背我到厕所里去坐坐，得到半个钟头的休息。但是肚子很饿，抬头看见不远有家西餐馆，我和卢冬生开玩笑地说：叫客西餐来吃才好。卢冬生非常老实，他就跑去叫了一客西餐，人家跟着他走到厕所跟前，饭没给我吃，反而骂了我们一顿。那时身上还有约二十块钱，想去上海，叫卢冬生打听一下，恰好一小时后就有往上海去的船。在汽艇上人家发现我是打仗受的伤，被敲了五块钱的竹杠。到了轮船上，他们说我有病，不卖给票。许多人围着我看，心里十分着急。后来有个穿工人服装的走来，很同情地告诉我说：再有人问，就说不是传染病，腿是跌坏了，每顿还可以吃三碗饭。他帮忙买到船票，又找了一只行军床，和卢冬生把我抬到货舱里。那里左边堆的香蕉，右边堆的桔子，放一张行军床便没多少空地方了。这位工人同志的冒险帮助，使我异常感动。在那样艰难的时刻，到处仍然受到群众的爱戴拥护，使我深刻地感觉到党的伟大和影响的普遍。

轮船离开香港，要先到汕头停泊一下，上人装货。我所坐的这条船，恰好又是我军失败后从香港到汕头的第一条船。汕头还在戒严，在反动派统治下到处杀气腾腾，自己刚刚逃出，忽又折到这里，心中甚为紧张。船刚靠岸，又有起义军的许多同志上来。这中间就有我们第三师师长周逸群同志。他是被国民党军队俘虏后没认出来又逃出的，汕头有个慈善团体给了他一张船票。他一上船，就挟一张烂席子找到货舱里，见只有一个人在那里，就不管三七二十一，偷偷摸摸，倒头就睡。我正躺在那里看报纸，见他进来非常高兴，就和他开一个玩笑，用报纸遮着脸说："这报上的消息真灵通：周逸群还没上船，报纸就登出来了。"他吓了一跳，竖起耳朵听着。但我讲了几句，他就听出我的声音来了。两个人一阵好笑，以后我们一起到了上海找党。

进军潮汕失败后，我军一部分由朱德、陈毅诸同志率领退出广东，转战闽赣，进入湘南，开展游击战争。一九二八年四月间到达井冈山，在毛泽东同志领导下，千锤百炼，发展成为今天这支无比强大的人民军队。毛主席说："星星之火，可以燎原。"人民的革命力量是永远不可战胜的。

——摘自《星火燎原 1》

萧　克：从潮汕到湘南

……

从汕头到广州，海路要一两天。我在甲板上站着，心里想，到了广州总会有办法的，那里曾经是革命的大本营，我又住过半年，总会找到熟人，找到党组织的。

◎萧克

大约是 1927 年 11 月初，我到了广州。这时的广州已没有昔日的革命气氛了。街道上军警林立，岗哨森严，行人稀稀落落，一片白色恐怖。我顺着熟悉的街道，去寻找往日的亲友，毫无着落，更说不上党的组织关系了。

一天过去了，两天过去了，还是音讯杳然。这时，我已是囊空如洗，饥肠辘辘。但我并没有消极失望。我决心，一息尚存，就要找党。为了生存，为了找党，我不顾自己出身书香门地，也不顾曾是一名铁军的军官，放下架子去讨饭。

我到纸张铺买来中小学生笔记本，用从武汉带来的钢笔，写了一个哀怨真切的自述，开头是："诸君，我今天以至诚之心，向你们说几句衷肠话。"接着，介绍自己的出身、学历，在北伐军中做过什么，然后讲："前不久我还是一名北伐军的军官，由于政局变化，不幸流于楚囚……"。末尾是"……如今，我肚子饿，身上冷，病未愈，想找工作，又无处可找，难道老天要绝我生路不成？请问，这是我的罪过，还是社会的罪过？"

我拿着这篇自述，就到书店去给人看。我想：逛书店的人一般都有文化，有文化的人看到我的陈情，会同情我的遭遇。果然，不少人看了我的自述，都唏嘘不已，有的掏出一毛二毛小银洋给我。慢慢地，我就有了几块钱，暂时解决了吃饭的问题。

但我想，不能总这样下去，还得找个事来糊口。一天，我在街上转悠，路过一个卖字的摊子，见那卖字的老先生面容慈祥，说话和气，就走上前去问他："老先生，我来分一口饭吃行吗？"

老先生看看我，问："你是干什么的？从哪里来？"

我答道："我是一个打了败仗的小军官，流落此地，现在生活无着，请老先生发点慈悲。"随即又把我的陈情交给他看。

老先生沉吟半晌，用手指了一下摊在桌面上的纸和笔，说："你先试试吧。"

我拿起笔，先写了一行颜体字，又写了一副隶书的条幅。我在私塾就练过这些书体，写的时候，老先生看我用笔；写完后又端详了好一会儿，终于点点头，对我说："好吧，你就帮我的忙吧。"

从此，我过起了以卖字为生的日子。平常，先生写字作画，我铺纸磨墨，客人多时，我也写上几幅颜体或隶书，一天还能挣得几毛钱，勉强维持生计。解决了糊口的问题，我找党的心情更加迫切。有事外出和帮人写字时，我都设法打听消息。

……

湘南这么大，到哪里去找党呢？就在我漫无目标地寻访时，突然想到我高小同学萧亮，他家在临武县沙田圩杉木桥，我离家从军，就是经他家里走的。他父亲是大地主兼商人，往广州、香港和江西等地贩卖杉木，结交的人多，消息灵通。我听人讲，“马日事变”后，长沙、衡阳一片白色恐怖，在那里读书的学生，下半年都没有去，估计萧亮此时在家。于是我就去萧亮家。快到萧家时，我把那套半新的衣服换上，又把13军的铜证章也戴好。萧父是大地主，如果衣着不整，会引起他的怀疑。

收拾停当，我扣响了萧亮家的大门。开门的正是萧亮。他见到我，又惊又喜，忙把我让到屋内。萧亮的父亲也在，我家与他家同宗，萧亮父亲的辈份高，我向他施礼问候，照旧尊称他为“老前辈”。萧父见我穿的灰军装，又佩戴着13军的证件，满心欢喜，留我在家住宿。

萧亮领我到了他的房间。开始，我们只是寒暄了一下，夜晚，彼此谈了别后的经历。我把南昌起义及失败的详细经过告诉他，他听后非常惋惜。接着，他同我讲了“马日事变”后他如何跑回家乡，并对我说，父亲很怀疑他，要我在他父亲面前不要透露这方面的只言片语。

我们越谈越深，最后，互吐真言。原来，萧亮也是一名共产党员，是大革命时期在长沙入党的。逆境中遇到同志，真是倍感亲切。

萧亮与临武县的地下党组织有联系，离沙田圩20几里的牛头汾，有临武县支部的联络点，他就是那个支部的成员。萧亮答应帮我去联系。为了慎重，他先去了一趟，然后带我前往牛头汾。党支部负责人贺辉庭与我接了头。贺辉庭郑重地对我说：“临武支部研究决定，恢复你的党籍和组织生活。”听了这句话，我激动得千言万语涌上心头，但只对贺书记说了一句：“我终于找到党了！”

……

根据支部的决定，我担任了新成立的农民武装——独立营（后为2

团 3 营）副营长，营长是彭晒。因为部队不多，只编一个连，我又兼连长，彭腰任党代表。他们知道我参加过南昌起义，所以主要叫我负责军事工作。彭睽为支部宣传委员，又是碕石村农民协会的委员长；支部书记彭晒为全面领导，他和组织委员吴统莲经常来部队讲政治课，教唱革命歌曲。当时，这个党支部真正发挥了暴动中的领导和骨干作用。

从嘉禾来时，黄益善、萧克允等让我们与宜章碕石村党支部联系上后，就去找朱德部队，请他们协助嘉禾南区暴动。此时，朱德部队正在砰石地区与许克祥的 24 师激战，联系不上。我就写了一封信，托一个在碕石帮助独立营造枪的嘉禾籍铁匠，带给黄益善和萧克允，告诉他们，我们留在碕石参加暴动了。大约过了半个月，黄益善也来到宜章。他与宜章县委的胡世俭、张际春、彭祜等，都是衡阳第三师范的同学，同搞革命运动，他们就调他到宜章县委工作。以后我们上井冈山，他陆续担任了红 4 军的连党代表、支队党委书记和军党委的秘书长，1929 年冬，在红 4 军第九次党代表大会上被选为 4 军军委委员。

黄益善来后又过了半个月，我二哥萧克允和临武牛头汾支部书记贺辉庭也到宜章梅田。他们找到我，请求独立营去支援临武、嘉禾的武装暴动。我说：“这需宜章县委决定。”他们随即去请示县委。得到的答复是，请他们先回去准备，待适当时机即派军队策应。

他们返回后不久，湘南暴动就失败了，我率独立营撤往井冈山，从此和他们断绝了消息。1933 年夏，我在湘赣苏区时，见到湘鄂赣军区政委黄志竞和副司令员严图阁，据他们说，两年前，萧克允曾受上海中央特科之命到鄂东南去搞兵运工作，以后转入红军，在鄂东特委军事部办的红军学校任教员，后任鄂东南红 3 师参谋长、湘鄂赣北路指挥部参谋长。1932 年底。湘鄂赣红军与国民党薛岳部在湖北通城的大坂作战，萧克允在战斗中负重伤，抬回柳河苏区后牺牲了。至于贺辉庭，我还是解放以后回湘南才知道他后来的情况，他一直在临武坚持地下工作，不屈不挠，1929年秋被反动派杀害。碕石暴动后，我担任独立营副营长兼连长，这个营实际只有一个连，步枪和梭镖各30多支，而步枪约有一半是本地铁匠仿造的，名为五响枪，但打三四发子弹就要擦油才能打，大家称其为“土快枪”。“土快枪”者，又土又快也。表尺与准星不精确；快是能连打五发子弹的后膛枪，不同于从前面装火药的土枪。人员都是本地农民，相互间讲土话，离三五十里的人都很难听懂。晚上，有些人还带枪回家过夜。班、排长也是本地人，军事不高，即使执行日常勤务也不够。

我在铁军工作过，体会到铁军的钢铁精神是从严格的管理训练和从艰苦战斗中培养锻炼起来的。我常想，孙武可以把吴宫姬妾训练得进退自如，戚继光可以把义乌农民兵训练得赴汤蹈火，我们是共产党，也一定能把这些农民训练成新的“铁军”。

我认真整顿训练部队，首先宣布了几条规定：建立连值星、班值日制，有事要报告；早晚点名，按时上课，爱护武器，行军不用枪挑东西，梭镖不倒插，不沾土，保持洁白而锐利；吃饭由值星班长吹哨子集合，一班一桌；办公不讲土话，还要讲礼节。

我反复向部队讲明道理，要求个个遵守。一次，有个战士严重违反纪律，查明后，全连集合进行体罚。这样队伍就比较整齐了。体罚，如打屁股、打手板，现在看来是笑话，那是旧军队的恶习，1929年红4军第9次党的代表大会批评为军阀残余，完全对。但当时我们管理水平低，只知道这种办法。地方同志和农民看到我把部队带得守纪律，又学会各种射击姿势及散兵动作，虽然处分了他们的子弟，但认为我执行纪律时，还合人情。他们见到我，都亲热地叫我萧连长，就是50多年后，我回碕石，老人见到我，还亲切地叫我萧连长。

碕石暴动组建的独立营，虽只有100多人、30多条枪，梭镖多于步枪，但在当时也是一支重要的武装了。我对这支部队一面整顿、训练，一面带着四出游击。

附近大黄家有个恶霸地主，有武装，群众都恨他。我们乘夜包围了这个地主的宅院，打死了大恶霸，振奋了周围的群众，农民纷纷起来暴动。我们就协助各区、乡建立苏维埃政府，组织农民协会，宣布分田地，废除一切苛捐杂税，还把地主的田契、帐本集中起来，当众烧毁，把打土豪所得的浮财分给穷苦的农民。不到半月，整个黄沙区以及靠近广东边界莽山附近的农民都发动起来了，暴动的烈火越烧越旺。

我们在宜章西南山区建立了革命政权，坚持了两个多月。此时，朱德、陈毅的部队正在郴州、耒阳一带。国民党湘、粤两省军阀白崇禧、许克祥、范石生等部南北夹击，工农革命军主力和宜章县委向东转移。我营因处于偏僻的宜章西南山区活动，与上级失去了联系，就靠近白沙区梅田镇，与那地区的欧阳祖光和王政领导的农民起义武装汇合。为统一指挥，两部合编为宜章独立营，男女老少约 600 人，枪六、七十支，梭镖 300 多杆，名义上仍为彭晒之独立营，后彭调宜章县委工作，独立营由龚楷任营长，我为副营长。我和龚楷都参加了南昌起义，龚在朱德部，我在叶挺部。南昌起义失败后，朱部到湘南又发动起义，朱德派龚楷到碕石地区与地方党组织联系，正值发动起义，他就留在当地参加了起义。他虽是朱部来的，又是四川人，但与当地的同志联系较好，又有指挥能力，选他为营长是适宜的。不幸的是，1929 年冬，他在东江工作时病故了。

敌军占领宜章城后，反动民团又占领了黄沙、梅田一带。我们退到骑田岭南面一个叫麻田的大村落，又从麻田翻越骑田岭主峰黄琴岭。黄琴岭林木茂密，瞩目中原。当我们翻山时，红旗招展，梭镖刺天，嘹亮的国际歌声响彻山岭。一时间，豪情洋溢，乘兴写下了一首诗：

农奴聚义起烽烟，

晃晃梭镖刺远天。

莫谓湘南陬五岭，

骑田岭上瞩中原。

这时候，湘南暴动失败了，我们600多农军是最后撤退的。骑田岭虽然是中国南部五岭山脉之一，但群众也没有充分发动起来，很难持久坚持，我们几个领导人商议，认为毛泽东指挥的部队在宁冈、碕县活动（当时不知其已南下），朱德、陈毅和宜章县委大概已东去，就决定自己也东去。于是，我们深夜越过郴县和宜章大道，登五盖山，继续向东，在资兴东南的龙溪洞和毛泽东的部队会合了。

我们这一群背梭镖的农民队伍和大红军会合，又见到有名的农民运动先驱毛泽东，多么高兴啊！他们见到我们也是同样心情，欢呼雀跃："宜章独立营来了！宜章独立营来了！"

——摘自《萧克回忆录》

参考文献

1.中国人民解放军军史编写组．中国人民解放军军史.第三卷．北京：事科学出版社，2011

2.周榕芳主编．100 个红色经典故事．南宁：广西教育出版社，2007

3.赵琪．八月一日．北京 ：解放军出版社，1995

4.曾成贵、江抗美．国共合作的北伐战争．郑州：河南人民出版社，1986

5.王建吾、朱继明、杨战荣．黄埔军校史话．郑州：河南人民出版社，1982

6.丁佳琪．中国元帅叶剑英．北京：中共中央党校出版社，2002

7.刘汉升．南昌起义之后．北京：解放军文艺出版社，2006

8.尹家民．百战将星陈赓．北京：解放军文艺出版社，1989

9.陈石平．中国元帅刘伯承．北京：中共中央党校出版社，1992

10.《彭德怀元帅》编写组．彭德怀元帅的故事．北京：新蕾出版社，1986

11.《徐向前传》编写组．徐向前传．北京：当代最中国出版社，2007

12.《罗荣桓传》编写组．罗荣桓传．北京：当代中国出版社，2006

13.张日新、李祖荣．红军时期的陈毅．北京：档案出版社，1991

14.黄荣筑．聂荣臻传．贵阳：贵州人民出版社，2001

15.项羊、何定、张希等．一个真正的人——彭德怀．北京：人民出版社，1997

16.萧克．萧克回忆录．北京：解放军出版社，1997

17.聂荣臻. 聂荣臻回忆录. 北京：解放军出版社，1986

18.徐向前. 徐向前回忆录. 北京：解放军出版社，2007

19.朱德、徐向前等. 星火燎原 1. 北京：解放军出版社，1997

20.叶剑英. 叶剑英军事文选. 北京：解放军出版社，1997

21.粟裕. 粟裕战争回忆录. 北京：解放军出版社，1988